하나님의 약속과 경고

성경강해시리즈 7 열왕기상

강용규 지음

쿰란출판사

발간사

흔히 로마군을 가리켜서 "전차 군단"이라고 합니다. 이렇게 로마인들이 만든 전차가 어디까지 영향을 미쳤나를 생각해보면 놀랄 수밖에 없습니다. 철도 사이의 간격을 "철도 게이지"라고 합니다. 철도 게이지의 국제 표준치는 143.5cm입니다. 매우 이상한 수치이긴 하지만 어쨌든 이 수치는 국제 표준으로 정해져 있습니다. 그런데 어떻게 143.5cm가 국제 표준이 되었느냐? 영국이 철도를 건설할 때 그렇게 했기 때문입니다. 그러면 영국은 왜 "철도 게이지"를 143.5cm로 했느냐? 바로 로마군 전차 바퀴의 틈 간격이 정확히 143.5cm였기 때문입니다. 즉 말 두 마리가 서로 방해받지 않고 달릴 수 있는 폭이 143.5cm라는 것입니다.

이처럼 처음 시작하는 사람이나, 앞장서서 일하는 왕이나 리더가 어떻게 하느냐에 따라서 오고 오는 세대에 많은 영향을 미치게 됩니다. 그래서 20세기 최고의 경영학자 중 한 분인 피터 드러커는 미래를 위해서 대통령이 해야 할 일에 대해서 여섯 가지를 말하고 있습니다.

첫째는 뚜렷한 비전과 든든한 목표를 가지고 성실하게 정치를 해야 한다는 것이고, 둘째는 진심으로 해결할 수 있는 한 가지 일에 집중해야 한다는 것이고, 셋째는 자기 힘을 과신해서 앞에 있는 일을 너무 쉽게 보아서는 안 된다는 것이고, 넷째는 작은 것에 연연하지 말고 큰 흐름을 붙잡아야 한다는 것이고, 다섯째는 올바른 사람들을 적재적소에 잘 세우는 인사를 잘 해야 한다는 것이고, 여섯째는 인기 작전을 쓰지 말라는 것입니다.

이처럼 사람들이 나라의 리더들에게 하고 싶은 말이 있듯이 열왕기에서는 이스라엘 왕들이 어떻게 정치해야 하는가를 하나님께서 예언자들을 통해서 말씀해주고 있습니다. 특별히 알 수 있는 것은 다윗, 히스기야, 요시야 등과 같이 거룩한 왕들 곁에는 훌륭한 선지자가 있었고 악한 왕들인 아합과 므낫세, 그리고 시드기야 같은 왕들은 선지자들의 말씀을 거절했습니다. 이러한 내용들이 담겨져 있는 것이 열왕기서입니다. 따라서 열왕기서는 예언서도 되고 역사서도 됩니다. 그래서 우리는 열왕기서를 통해서 이 땅에서 하나님의 자녀로서 어떻게 하면 좋은 리더가 되고, 소금과 빛이 되는가를 배웠으면 하는 것입니다.

언제나 책을 내면서 생각하는 것은 저에게 베푸신 하나님의 크신 은혜입니다. 또한 수요예배에 참석해서 함께 은혜 받고 하나님 나라를 확장해 나가는 한신교회 성도들의 힘입니다. 그리고 목회자의 아내로 고생과 수고를 마다하지 않고 기쁨으로 맡겨진 사명을 감당하는 사랑하는 아내 에스더의 헌신과 기도 덕분입니다. 이 책이 나오기까지 수고하신 쿰란출판사의 대표 이형규 장로님과 난필인 글을 타이핑하는 최미정 간사에게 감사를 드립니다.

2012년 5월 30일

강 용 규 목사

차례

Contents

솔로몬의 즉위

열왕기상 1:1~53

구약 성경의 특징 중 하나는 역사를 연대기로 기록하는 것이 아니라 새로운 인물의 등장을 기점으로 역사를 기록하고 있다는 것입니다. 그래서 모세가 죽음으로 모세오경이 끝이 나고 여호수아의 시대가 시작되는 것을 여호수아서에서 볼 수 있습니다. 또한 여호수아의 죽음으로 여호수아서가 끝이 나고 사사기가 시작되고, 다윗의 등장으로 사무엘상 · 하가 기록되고, 다윗이 죽음으로 새 시대가 펼쳐지는 것을 볼 수 있습니다.

바로 이 새 시대가 솔로몬 왕의 등극과 함께 시작되고 있습니다. 열왕기상 · 하는 다윗 왕 이후에 통일 이스라엘 왕국과 북이스라엘, 그리고 남유다의 역사를 기록하고 있습니다.

열왕기상 1장의 서두에 보면, 다윗은 나이가 많아 기력이 쇠해져 있었습니다. 왜냐하면 그의 나이가 70세 가량 되었기 때문입니다(삼하 5:4). 그러나 다윗의 측근들은 다윗이 계속 건강하게 통치하기를 바라는 마음이 있었기에 젊은 처녀 아비삭을 왕에게 들여보냈고 그럼에도 다윗은 계속 쇠약해져만 갔습니다.

이러한 때 다윗 이후에 누가 왕위에 오르는가 하는 것이 가장 큰 문제였습니다. 그래서 다윗이 학깃으로부터 낳은 아도니야와 밧세바로부터 낳은 솔로몬을 두고서 다윗의 신하들이 두 패로 갈렸습니다. 이러한 후계자 문제가 어떻게 해결이 되는가를 열왕기상 1장에서 보여 주고 있습니다.

첫째, 다윗의 노쇠와 아도니야의 음모(1~10절)

▪ 1절에서 다윗 왕의 노쇠함을 설명하고 있습니다. "나이 많아 늙으니 이불을 덮어도 따뜻하지 아니한지라" 고 했습니다. 그때 다윗의 나이가 70세 가량 된 것으로 추정됩니다(사무엘하 5장 4절에 보면 다윗이 30세에 왕이 됨).

▪ 2~4절에서 다윗의 신복들은 계속해서 다윗이 이스라엘을 통치하게 하기 위해서 왕이 다시 기력을 차릴 수 있게 하려고 애씁니다. 그래야만 정치적으로 안정을 가져올 수 있기 때문입니다. 그들이 선택한 방법은 젊은 처녀를 데려다가 늙은 왕과 함께 지내게 하는 것이었습니다.

① 다윗의 아내가 된 젊은 처녀는 이즈르엘 평원 다볼 산 기슭에 있는 수넴 성 사람인 '아비삭' (Abishag)이었습니다. 다윗이 죽은 뒤에 다윗의 넷째 아들인 아도니야가 아비삭을 아

내로 삼게 해달라고 했습니다(왕상 2:17).

② 그러나 왕은 아비삭과 동침하지 않았습니다. 그리고 젊은 부인인 아비삭이 늙은 다윗의 기력을 다시 되돌리게 할 수는 없었습니다.

■ 5절에서 다윗의 죽음이 얼마 남지 않은 상황에서 다윗의 넷째 아들인 아도니야가 스스로 자신을 높여서 "내가 왕이 되리라"고 했습니다. 그리고 전차와 기마병과 호위병 50명을 대동하고 다녔습니다.

■ 6절에서 아도니야는 압살롬처럼 잘나고 대단히 준수한 자였고, 아버지 다윗의 사랑을 받고 자라났다고 말씀합니다.

■ 7절에서 이런 아도니야와 함께한 자들이 나오고 있습니다.

① 요압 — 요압은 다윗에게 충성도 하였지만 다윗의 말에 불순종하면서 자기 마음대로 한 자였습니다. 그래서 아브넬, 아마사, 압살롬을 죽였습니다.

② 아비아달 — 사무엘상 21장에 나오는 놉의 제사장 아히멜렉의 아들입니다. 그런데 사독과 아비아달은 둘 다 아론의 후손이지만 때로는 경쟁자의 자리에 있었습니다. 사무엘하 8장 17절, 15장 24~29절에 보면 사독이 아비아달보다 먼저 언급되는 것을 볼 수 있습니다. 이런 이유에서 아비아달은 아도니야 편에 서게 된 것으로 보입니다. 이 일로 나중에 솔로몬이 왕이 되었을 때 아비아달은 고향으로 추방당합니다.

■ 8절에는 아도니야와 함께하지 않고 솔로몬과 함께한 다윗의 신복들이 나옵니다.

① 사독(제사장)

② 브나야 — 다윗의 막강한 용사 중의 한 명이었고(삼하 23:20~23), 또한 다윗의 경호실장이었습니다.

③ 나단 선지자 — 다윗이 성전을 짓겠다고 했을 때 전적으로 동의했고, 다윗이 밧세바와 범죄했을 때 "그건 너" 라고 말한 선지자였습니다(삼하 12:1~14). 그밖에 시므이와 레이와 다윗의 군사들이 있었습니다.

■ 9절에서 아도니야는 자기를 따르는 사람들을 초대해서 에느로겔(Enrogel)에서 연회를 베풀었습니다. 그러나 이 연회에 솔로몬과 솔로몬을 지지하는 사람들은 초대하지 않았습니다.

■ 왜 이렇게 아도니야가 먼저 나서서 자신을 왕이라고 하였을까요? 분명히 다윗의 살아 있는 아들들 중에는 아도니야가 큰아들입니다. 그러나 아버지 다윗은 거의 늙어 죽어 가는데 후계자에 대한 언급은 없고, 역대상 22장 8~10절에 보면 아버지 다윗이 솔로몬을 후계자로 정했다는 소문도 있었기 때문에 그가 먼저 나서서 "내가 왕이 되리라" 고 한 것입니다.

둘째, 솔로몬 진영의 반격(11~27절)

■ 11~14절에서는 아도니야가 왕이 되는 것을 막는 계획이 만들어지는 것을 볼 수 있습니다. 거기에 앞장서는 사람은 나단 선지자였습니다.

① 나단은 밧세바에게서 태어난 둘째 아들 솔로몬에게 '여디

디야' (Jedidiah)라는 이름을 하나님으로부터 받아서 주었습니다(삼하 12:25). 여디디야는 '하나님의 사랑을 받는다' 라는 의미입니다. 이처럼 나단은 솔로몬의 출생 배경을 잘 알고 있었습니다.

② 나단은 다윗의 후계자는 아도니야가 아니라고 생각했습니다. 그 이유는 다윗의 왕조를 크게 어지럽혔던 압살롬의 모습을 보았기 때문입니다.

③ 또한 나단은 과연 누가 다윗 이후에 성전을 지을 사람인가를 깊이 생각했을 것입니다. 신명기 17장 14~20절에 보면 왕은 하나님의 말씀을 잘 지켜야 합니다.

■ 11절에 보면, 나단은 밧세바를 방문하여 "학깃의 아들 아도니야가 왕이 되었음을 듣지 못하였나이까?" 라고 했습니다. 그러면서 12절에서 밧세바와 솔로몬의 생명을 구하기 위해서 자기의 말을 들으라고 하였습니다.

■ 13절에서 나단은 밧세바에게 왕을 찾아뵙고 말하기를,

① 역대상 22장 8~10절에 나온 대로 솔로몬이 왕위에 오르게 될 것이라고 다윗이 밧세바에게 말했던 것을 상기시키라고 했습니다.

② 그런데 어째서 아도니야가 왕이 되었느냐고 물어보라고 했습니다.

③ 그리고 이렇게 왕과 밧세바가 대화하는 중에 자신도 왕에게로 들어가서 당신의 말에 동의하겠다고 했습니다.

이처럼 11~14절에서는 아도니야를 내려 앉히고 솔로몬을 세우

려는 계획을 볼 수 있습니다.

■ 15~27절에서는 11~14절에 세운 계획을 실행하는 것을 볼 수 있습니다.

① 15~21절에서 밧세바는 다윗에게 찾아가서 나단과 계획한 대로 전에 자신에게 한 약속인 솔로몬을 왕으로 세운다는 것을 언급했고,

② 이스라엘 백성들은 이제 다윗이 누가 후계자가 될 것이라고 발표하기만을 기다리고 있었고,

③ 만약 솔로몬이 후계자가 되지 못하면 밧세바는 자신과 솔로몬이 죽게 되리라고 하였습니다.

■ 22~27절에서는 이미 11~14절에서 계획한 대로 나단이 왕에게 들어가서 말합니다.

① 왕께서 후계자로 아도니야를 세웠습니까?(24절)

② 아도니야가 에느로겔에서 잔치를 베풀었고, 거기에 모인 사람들이 "아도니야 왕 만세"를 불렀습니다.

③ 그런데 그 연회에 나단과 제사장 사독과 브나야와 솔로몬은 청하지 않았습니다.

④ 왕이여! 어찌 후계자를 저에게 말씀하지 않으셨습니까? 하면서 나단 역시 다윗 왕을 자극했습니다.

■ 왕위에 대한 아도니야 진영과 솔로몬 진영의 암투를 볼 수 있습니다. 또한 이렇게 암투를 설명하는 것은 어떻게 솔로몬이 왕이 되었나를 보여 주는 것입니다.

셋째, 솔로몬이 왕이 되다(28~53절)

■ 28~31절에서는 노쇠한 다윗이 왕으로서 명령을 내린 것입니다.

① 밧세바를 들어오라고 했고,

② 하나님께서 자신에게 이르신 대로 솔로몬이 정녕 자신을 이어 왕이 될 것이고,

③ 이 사실을 오늘 그대로 행하리라고 했습니다.

④ 그랬더니 밧세바가 얼굴을 땅에 대고 절하면서 "내 주 다윗 왕은 만세수를 하옵소서"라고 했습니다.

■ 32~37절에서 다윗 왕은 제사장 사독과 선지자 나단과 경호실장 브나야를 불러서 솔로몬을 왕으로 세우는 일을 지시합니다.

① 솔로몬을 다윗 왕의 노새에 태우고 기혼 샘으로 가라고 했습니다.

② 거기서 제사장 사독과 선지자 나단은 솔로몬에게 기름을 붓고 양각나팔을 불며 솔로몬 왕 만세를 부르라고 했습니다.

③ 이러한 다윗 왕의 지시에 대해서 브나야는 하나님께서도 왕의 계획대로 함께하시기를 바란다고 하면서 하나님께서 다윗 왕과 함께하심같이 솔로몬에게도 함께하시기를 원한다고 했습니다.

■ 38~40절에서는 32~37절에서 다윗 왕이 지시한 대로 솔로몬을 다윗의 노새에 태우고 가서 기혼 샘에서 기름을 부어 왕으로 세웠습니다. 그때 모든 백성이 그것을 보고 피리를 불며 크게 즐거워했고, 그 소리가 땅을 가를 듯이 컸다고 했습니다.

■ 41~45절에서는 이러한 일을 제사장 아비아달의 아들 요나단이 아도니야와 요압과 함께한 사람들에게 전했습니다.

■ 46절에서 드디어 솔로몬이 왕이 되었습니다.

■ 47~48절에서는 다윗의 신복들이 다윗에게 와서 솔로몬을 후계자로 세운 것에 대해서 축복의 말을 전했습니다. 다윗은 이러한 축복에 화답하는 형식으로 후계자를 세우게 하신 하나님께 찬송하는 것을 볼 수 있습니다.

■ 49~53절에서는 이렇게 솔로몬이 왕이 되자 급해진 것은 아도니야와 그를 따르던 자들이었습니다.

① 그래서 50절에서는 아도니야가 보복당할 것을 두려워해서 성전에 들어가서 제단 뿔을 잡았습니다. 출애굽기 21장 13~14절에서는 죽을 죄인도 성전으로 뛰어와서 제단 뿔을 잡으면 용서를 받았습니다. 이때는 부지중에 살인한 경우입니다.

② 솔로몬은 살려 달라는 아도니야의 간청을 들어주지만 조건을 붙였습니다. 그것은 저가 만일 선한 사람이 될 것 같으면 죽이지 않겠다는 것입니다. 이 말은 반대로 선한 사람이 아니면 죽이겠다는 것입니다.

■ 이렇게 해서 다윗 왕의 후계자는 솔로몬이 되었던 것입니다.

결론

이스라엘의 왕이 되는 것은 절대로 인간의 계획대로 되는 것이 아님을 알 수 있습니다. 하나님께서 세워 주셔야만 되는 것입니다. 그래서 사무엘하 23장에서 다윗도 자신이 왕이 된 것은 하나님의 은혜였다고 고백하고 있습니다. 그리고 왕은 하나님을 경외하고 백성을 공의롭게 다스려야 하는 것입니다. 오늘 우리도 이 자리에 있는 것은 하나님의 은혜입니다. 우리는 이 은혜를 깨닫고 하나님을 경외해야 하고, 이웃에게 사랑을 베풀며 공의롭게 살아가야 합니다. 그러면 하나님께서 우리와 우리 자손을 더욱더 복 주시는 것입니다.

다윗의 유언과 죽음

열왕기상 2:1~46

다윗은 이제 이 땅에서 그에게 맡겨진 일을 다 감당하고 하늘나라로 자리를 옮기려 하고 있습니다. 이때 다윗은 이스라엘 왕이 된 솔로몬을 불러다가 유언을 하게 됩니다. 그런데 이 유언의 내용 중 2~4절에 나오는 것은 신명기 역사가에게 있어서 가장 중요한 '사관' 인 것입니다.

신명기 17장 18~20절에서 이스라엘 왕은 "율법을 평생에 자기 옆에 두고 읽어 그 하나님 여호와 경외하기를 배우며 이 율법의 모든 말과 이 규례를 지켜 행할 것이라 그리하면 그의 마음이 그 형제 위에 교만하지 아니하고 이 명령에서 떠나 좌로나 우로나 치우치지 아니하리니 이스라엘 중에서 그와 그의 자손의 왕위에 있는 날이 장구하리라" 고 하였습니다.

또한 신명기 28장에서 여호와의 율법을 순종하면 들어와도 복을 받고 나가도 복을 받지만 불순종하면 들어와도 나가도 저주를 받는다고 했습니다.

이러한 신명기에 나타난 핵심을 솔로몬에게 말하면서 동시에 성전을 건축할 것을 유언하였던 것입니다(대상 28:10). 솔로몬 왕은 바로 이러한 다윗 왕의 말씀을 듣고, 실행한 것도 있고 실행하지 못한 것도 있습니다. 그것이 열왕기상 2~11장까지에 나옵니다.

첫째, 다윗의 유언(1~9절)

■ 1~2절에서 다윗은 자신의 죽음을 내다보면서 "세상 모든 사람의 가는 길"(the way of all the earth)이라고 표현했습니다. 히브리서 9장 27절에서는 "한 번 죽는 것은 사람에게 정해진 것이요 그 후에는 심판이 있으리니"라고 했습니다. 이처럼 우리 사람은 누구나 그가 왕이든 신하든 죽음을 맞이한다는 진리를 보게 됩니다. 여기서 다윗은 솔로몬에게 "너는 힘써 대장부가 되고……"(Take courage and be a man)라고 했습니다.

이 말씀은 여호수아 1장 6~8절에서 하나님께서 여호수아에게 주신 말씀과 일맥상통하는 말입니다. "강하고 담대하라 ……오직 강하고 극히 담대하여 나의 종 모세가 네게 명한 그 율법을 다 지켜 행하고……"입니다.

■ 3절에서 다윗은 솔로몬에게 남기는 두 번째 유언으로, 하나님의 계명을 철저히 준행할 것을 말하고 있습니다. 그와 같이 율법을 준행할 때 사무엘하 7장에서 하나님께서 다윗에게 언약하신 대

로 솔로몬이 통치하는 나라가 평화와 번영을 얻을 것이라는 말입니다.

■ 4절에서 다윗은 세 번째 유언을 솔로몬에게 했습니다. 그것은 하나님의 말씀에 순종하는 일은 대를 이어가면서 실천해야 한다는 것입니다. 이 말은 하나님의 계명을 실천할 때 북쪽 열 지파도 계속 다스리게 될 것이라는 것입니다. 즉 다윗은 솔로몬에게 유언으로 "전쟁해서 다른 나라를 점령하라"든지 "내가 준 땅을 잘 지켜라"는 등의 말을 전혀 하지 않았습니다. 오직 하나님의 계명을 잘 지키고 담대하라고 하였던 것입니다.

■ 5~6절에서 다윗은 솔로몬에게 요압을 처형하라고 말합니다. 요압은 다윗 왕의 조카로서 잘한 일도 있고, 잘못한 일도 있습니다.

① 잘한 일

- 다윗이 사울에게 쫓겨다닐 때 함께한 일
- 예루살렘 침공 시에 앞장선 일(대상 11:6)
- 암몬과의 전투에서 승리한 일(삼하 10:1~14)
- 세바의 반란 때 세바를 죽인 일
- 다윗의 인구조사를 반대한 일(삼하 24장)

② 잘못한 일

- 아브넬을 살해한 일(삼하 3:22~29)
- 밧세바의 남편 우리아를 살해하는 데 공조한 일(삼하 11:14~25)
- 압살롬을 죽인 일
- 아마사를 죽인 일(삼하 20장)

• 아도니야의 반역 때 그 편에 선 일

다윗은 솔로몬에게 이러한 요압을 처형하라고 했습니다.

■ 7절에서는 바실래의 아들들에게 은총을 베풀라고 하였습니다. 사무엘하 17장 27~29절에 보면 다윗이 압살롬의 난을 피하여 마하나임으로 피난 갔을 때 바실래는 다윗을 도운 사람이었습니다. 특히 다윗이 예루살렘으로 환궁할 때 바실래에게 동행하기를 권했으나 그는 정중히 사양했고, 그 대신 자신의 아들 '김함'을 함께 데려가 주기를 부탁했습니다(삼하 19:31~39).

■ 8~9절은 바후림 베냐민 사람 게라의 아들 시므이에 대한 유언입니다. 사무엘하 16장 5~14절을 보면 다윗이 압살롬의 난을 피해 감람산 동편으로 피신해 갈 때 시므이는 다윗에게 돌을 던지며 "피를 흘린 자여 비루한 자여"라고 하면서 다윗을 저주했습니다.

또한 다윗이 압살롬의 난을 평정하고 예루살렘 성으로 환궁할 때 시므이는 왕 앞에 나와 부복하고 용서를 빌었습니다. 다윗은 자신은 이러한 시므이를 그냥 놔두었지만 솔로몬에게는 제거하라고 하였습니다. 이렇게 유언을 남기고 다윗은 이 땅에서의 삶을 마감했습니다.

둘째, 다윗의 죽음(10~12절)

■ 10절에서 다윗은 죽었습니다. 다시금 죽음은 모든 사람에게 온다는 것을 실감할 수 있습니다. 그리고 다윗은 다윗 성(예루살렘 성)에 묻혔습니다. 다윗은 여부스 사람에게서 예루살렘을 점령하고

난 뒤에 '시온 산성' 이라고 하던 것을 '다윗 성' 이라고 했습니다(삼하 5:6~8).

■ 11~12절에서 다윗이 헤브론에서 7년 반을, 그리고 예루살렘에서 33년을 다스렸음을 말하고 있습니다. 그리고 솔로몬이 다윗의 뒤를 이어 통일 이스라엘의 왕이 되었던 것입니다.

셋째, 솔로몬의 왕권 강화(13~46절)

■ 다윗이 죽어 다윗 성에 묻혔습니다. 이제 20세 안팎의 솔로몬이 실권을 쥐고 나라를 통치해야 했습니다. 그러나 정국은 아직 불안했습니다. 그의 대적들이 언제 다시 반란을 일으킬지 모르기 때문입니다. 이러한 상황에서 솔로몬이 어떻게 왕권을 강화해 나가는가를 볼 수 있습니다.

■ 13~18절에서는 아도니야가 밧세바를 찾아가서 부탁을 합니다. 그 내용을 보면

① 왕위는 원래 자기 것이고, 온 이스라엘이 다 자기에게로 향했다는 것입니다.

② 그러나 하나님께서 솔로몬에게 왕위를 주셨다는 것입니다.

③ 그래서 한 가지 소원을 말씀드리는데 들어달라는 것입니다.

④ 그리고 그 내용은 다윗 왕의 마지막 부인이었던 수넴 여자 아비삭을 자기 아내로 삼게 해달라는 것이었습니다.

⑤ 이에 대해서 밧세바는 쉽게 좋다고 대답했습니다.

⑥ 그런데 여기서 당시의 관습상 선왕의 후궁을 취하는 것은

곧 왕위의 권리를 주장하는 것이 됩니다(예 : 삼상 18:27 - 다윗이 사울 왕의 딸 미갈과 결혼, 삼하 3:7 - 아브넬이 사울의 첩 리스바를 취한 일, 삼하 16:21 - 압살롬이 다윗의 후궁들을 취한 일).

■ 19~24절에서는 아도니야의 부탁을 받은 밧세바가 솔로몬을 찾아간 이야기입니다.

① 먼저 밧세바가 아도니야를 위해서 솔로몬 왕에게 갔습니다.

② 솔로몬 왕은 어머니 밧세바를 정성을 다해 모셨습니다.

③ 밧세바는 아들인 솔로몬 왕에게 아도니야의 부탁인 다윗의 나중 부인인 아비삭을 아도니야의 부인으로 주라고 하였습니다.

④ 이에 대해서 솔로몬은 크게 반발하면서 이 일은 마치 아도니야에게 왕위를 주라는 것이요, 자기를 반역한 아비아달과 요압을 살리라는 것이라고 하였습니다.

⑤ 그리고 하나님께 맹세코 아도니야의 생명을 잃지 아니하면 하나님은 자기에게 벌 내림이 마땅하다고 하면서 브나야로 하여금 아도니야를 죽이게 했습니다.

■ 26~27절에서 아도니야를 지지했던 아비아달 제사장에 대해 자기 부친 다윗 왕과 함께 모든 환난을 받았은즉 죽이지 않고 고향 '아나돗' 으로 가라고 했습니다. 이 일로 사무엘상 2장에서 하나님께서 엘리 집안에 심판을 내리신 것이 응답되었다고 신명기 역사가는 말하고 있습니다. "나를 존중히 여기는 자를 내가 존중히 여기고 나를 멸시하는 자를 내가 경멸하리라"(삼상 2:30)는 말씀입니다.

■ 28~35절은 솔로몬이 요압을 처치한 일입니다. 요압은 아도

니야와 아비아달에게 닥친 일이 곧 자신에게도 올 것을 알고 장막 뜰에 있는 제단 뿔을 붙잡았습니다. 그러나 솔로몬은 브나야를 시켜서 제단 뿔을 잡고 있는 요압을 죽이게 했습니다.

① 출애굽기 21장 14절에서 "사람이 그 이웃을 짐짓 모살하였으면 너는 그를 내 단에서라도 잡아내려 죽일지니라"고 했기 때문입니다.

② 31절에서 솔로몬은 "……요압이 까닭 없이 흘린 피를 나와 내 부친의 집에서 네가 제하리라"고 하였고, 33절에서 "그들의 피는 영영히 요압의 머리와 그 자손의 머리로 돌아갈지라도 다윗과 그 자손과 그의 집과 그의 왕위에는 여호와께로 말미암은 평강이 영원히 있으리라"고 하였습니다.

■ 36~42절에서는 솔로몬이 왕이 되고 3년 뒤에 시므이를 처형하는 것을 볼 수 있습니다.

① 솔로몬은 시므이에게 경계를 지어 주면서 경계 밖으로 나가지 말라고 했습니다.

② 그런데 시므이는 3년 뒤에 경계를 넘어서 블레셋 사람의 땅에 다녀왔습니다.

③ 이 일을 솔로몬이 알고 43~44절에서 "네가 어찌하여 여호와를 두고 한 맹세와 내가 네게 이른 명령을 지키지 아니하였느냐" 하면서 네 죄를 너 스스로 아느니라고 하며 시므이를 처형했습니다.

■ 46절에서는 이렇게 아도니야, 요압, 시므이를 죽게 하고 아비아달을 고향으로 내려보낸 뒤에 "이에 나라가 솔로몬의 손에 견

고하여지니라" 고 하였습니다.

결론

다윗을 대적했던 자들이 마지막은 다 잘못된 것을 볼 수 있습니다. 하나님께서 인류를 구원하려고 세우신 하나님의 종 다윗과 함께하시고, 대적하는 자들을 친히 대적하시는 것을 보게 됩니다.

또한 하나님께서는 다윗의 뒤를 이어 왕이 된 솔로몬에게 하나님의 말씀, 계명을 잘 지켜 행할 때 앞날이 형통하게 될 것이라고 약속하셨습니다. 그리고 자손들에게 하나님 섬기는 법을 잘 가르쳐서 자손들도 하나님의 계명을 잘 지켜 행할 때 하나님께서 자손 대대로 이스라엘 왕위에 오르게 하실 것을 약속하십니다.

성도 여러분, 우리가 하나님을 사랑하는 것은 하나님의 계명을 지키는 것입니다. 또한 우리가 하나님의 계명을 지킬 때 하나님은 우리의 앞날을 형통케 하시고, 우리 자손들도 하나님의 말씀대로 살 때 자손 대대로 복 주십니다.

솔로몬 왕의 지혜

열왕기상 3:1~28

열왕기상 1, 2장을 보면서 다윗 왕 이후에 솔로몬이 왕이 되면서 여러 가지 불안한 요소들이 사라지고 왕의 자리가 견고해지는 것을 볼 수 있습니다. 그래서 열왕기상 2장 46절에서 "……이에 나라가 솔로몬의 손에 견고하여지니라" 고 하였습니다.

이제 중요한 것은 솔로몬이 왕으로서 어떤 길을 갈 것인가 하는 것입니다. 하나는 주변 나라의 왕들처럼 자기만을 위하는 이기적인 욕심과 세속적인 욕망을 가지고 사는 것입니다. 그것은 오래 살고 싶다는 것이고, 부를 구하는 것이고, 원수들을 멸해서 이웃 나라들을 정복하는 것입니다. 즉 군사적으로 강대국이 되는 것을 가리킵니다.

이처럼 세속적인 목적으로 왕의 길을 갈 것인가? 아니면 신명기 17장 19~20절에 "평생에 (율법책을) 자기 옆에 두고 읽어 그의 하나님 여호와 경외하기를 배우며 이 율법의 모든 말과 이 규례를 지켜 행할 것이라 그리하면 그의 마음이 그 형제 위에 교만하지 아니하고 이 명령에서 떠나 좌로나 우로나 치우치지 아니하리니 이스라엘 중에서 그와 그의 자손의 왕위에 있는 날이 장구하리라" 고 한 것처럼 하나님이 원하시는 왕의 길을 걷느냐 하는 것입니다. 우리는 이것을 열왕기상 3장에서 볼 수 있습니다.

첫째, 솔로몬이 산당에서 제사를 드림(1~3절)

■ 1절을 보면 솔로몬이 애굽 왕의 딸과 결혼했다는 말이 나옵니다. 이것을 보면서 쉽게 느껴지는 것은,

① 정략적 결혼이라는 것입니다.

② 그 당시 전통적으로 강대국이었던 애굽은 악화일로(惡化一路)에 있었습니다. 반대로 다윗, 솔로몬으로 이어진 이스라엘은 중동지방에 강력한 신흥대국으로 발돋움하고 있었습니다.

③ 따라서 애굽이나 솔로몬 모두 정략결혼은 서로 서로에게 유익이 된다고 생각했습니다.

④ 그러나 열왕기상 11장에 보면 이러한 정략적 결혼이 솔로몬에게 있어서 잘못된 일임을 알 수 있습니다. 이것은 이방의 우상들이 이스라엘에 들어오는 통로가 되었고, 동시에 이스라엘의 안전을 하나님께 의지하지 않고 강한 나라의 힘에 의지하는 솔로몬의 모습을 보여주는 것입니다.

■ 2~3절에서 솔로몬이 산당에서 하나님께 제사를 드리는 것을 알 수 있습니다.

① 예루살렘 성전은 솔로몬이 왕위에 오른 지 4년에 짓기 시작했습니다(왕상 6:1).

② 따라서 열왕기상 3장 2~3절 말씀은 솔로몬이 왕위에 오른 지 3년쯤의 일로 보고 있으며, 아직 예루살렘 성전이 지어지기 전입니다.

③ 산당은 주로 산꼭대기에 있었습니다.

④ 역대상 21장 29절, 역대하 1장 3절에 보면 "옛적에 모세가 광야에서 지은 여호와의 장막과 번제단이 그때에 기브온 산당에 있었다"고 했습니다. 이처럼 성전이 없었기 때문에 가까운 산당에서 하나님께 예배를 드렸지만 사실 이런 일이 종교적 혼합주의와 이방 종교가 이스라엘 사람들의 신앙생활에 뿌리를 내리게 되는 원인이 되었습니다(왕상 11:4~8).

⑤ 하나님은 신명기 12장 13~14절에서 "너는 삼가서 네게 보이는 아무 곳에서나 번제를 드리지 말고 오직 너희의 한 지파 중에 여호와의 택하실 그곳에서 번제를 드리고 또 내가 네게 명하는 모든 것을 거기서 행할지니라"고 하였습니다. 솔로몬은 이러한 여호와의 명령을 처음에는 좇지 아니했습니다. 그러나 꿈에서 하나님을 만난 후에 15절에 보면 솔로몬은 "……이에 예루살렘에 이르러 여호와의 언약궤 앞에 서서 번제와 감사의 제물을 드리고 모든 신하를 위하여 잔치하였더라"고 했습니다(참고 : 히스기야와 요시야 왕은 산당을 제거하는 종교

개혁을 단행했지만 대부분의 왕들은 이를 제거하지 않았습니다). 즉, 솔로몬은 기브온 산당에서 제사를 드렸지만 하나님을 만난 후 예루살렘에서 제사를 드렸다는 것입니다.

둘째, 솔로몬 왕이 왕의 길을 정함(4~15절)

■ 4절에 보면, 솔로몬이 기브온 산당에서 제사를 드린 것이 나옵니다. 이러한 일은

① 3장 3절에 "솔로몬이 여호와를 사랑하고 그의 아버지 다윗의 법도를 행하였으나……"라고 나옵니다. 즉 '다윗의 법도' 는 하나님께 순종하는 삶을 가리킵니다. 솔로몬은 아버지 다윗을 따라서 하나님의 말씀에 순종하는 삶을 보여 주고 있는 것입니다.

② 기브온 산당은 가장 큰 산당(the great high place)이었고, 거기에 모세가 만든 '하나님의 회막' 과 브사렐이 만든 '놋제단' 이 있었습니다(대하 1:3~6).

③ 그리고 거기서 일천번제를 드렸습니다. 이것은 숫자적으로 일천 번 드렸다고도 할 수 있고, 번제물을 천 번이나 바쳤다는 의미도 있습니다.

또한 일천 번은 때로 어떤 것이 단순하게 엄청나다는 의미로도 쓰였습니다(미 6:7; 아 8:12). 따라서 이 말씀은 하나님께 예배드리는 일이 '한계가 없이' 혹은 '무한대' 로 드렸다는 의미도 있습니다(예 : 천 대까지 - 출 20:6, 34:7).

④ 일천번제를 드렸다는 것은 솔로몬이 하나님을 얼마나 경외했는지를 보여 주는 것입니다.

■ 5절에 솔로몬의 일천번제가 다 드려지던 그날 밤에 여호와께서 솔로몬의 꿈에 나타나셨습니다.

① 성경에서 꿈은 하나님께서 개인에게 계시를 전달하는 방법으로 사용하셨습니다(창 28:11~16, 37:5~9). 사울 왕이 하나님께 버림받자 말하기를 "하나님께서 더 이상 꿈으로 말씀하시지 않는다"고 불평했습니다(삼상 28:15).

② 하나님은 솔로몬에게 "내가 네게 무엇을 줄꼬! 너는 구하라"(Ask for whatever you want me to give you)고 하셨습니다.

■ 6~9절에서 솔로몬이 하나님께 구한 것을 볼 수 있습니다. 여기서 솔로몬은 다른 주변의 왕들처럼 세속적인 요구인 장수, 부, 그리고 원수 대적의 파멸 등을 구한 것이 아니라 하나님의 법 아래 순종하는 왕의 길을 구한 것을 볼 수 있습니다.

① 왕은 하나님의 '종' 이라는 말을 네 번이나 반복해서 하고 있습니다.

② 자신은 하나님과의 계약관계(6절 - "성실과 공의와 정직한 마음으로 주와 함께 주의 앞에서 행하므로……")를 지키는 충성스러운 종이라는 것입니다.

③ 그리고 자신의 목적은 왕 자신의 부귀 영화가 아니라 백성의 안녕과 복지라고 했습니다(8~9절).

■ 6~9절에서 솔로몬이 하나님께 구한 것을 구체적으로 살펴보겠습니다.

① 9절 — 지혜로운 마음, 12절 — 지혜롭고 총명한 마음,

② 9절 — 선악을 분별하는 지혜, 11절 — 송사를 옳게 분별하는 지혜

③ 성실, 공의(6절), 분별(9절)

④ 즉 '한결같은 사랑'으로 계약을 신실(hessed)하게 지키는 것을 말합니다.

■ 10절은 하나님께서 솔로몬의 간구를 기쁘게 받으셨다는 것입니다.

■ 11~14절은 구약성경에 나오는 중요한 내용인 부르짖음에 대한 응답, 간구에 대한 하나님의 응답을 볼 수 있습니다.

① 하나님은 12절에서 "내가 네 말대로 하여 네게 지혜롭고 총명한 마음을 주노니……"라고 하셨습니다.

② 13절에서는 "내가 또 네가 구하지 아니한 부귀와 영광도 네게 주노니……"라고 하셨습니다.

③ 14절에서는 하나님께서 조건부적 축복을 약속하고 계십니다. "네가 만일 네 아비 다윗이 행함같이 내 길로 행하며 내 법도와 명령을 지키면 내가 또 네 날을 길게 하리라", 즉 장수의 축복을 약속하십니다.

■ 하나님이 솔로몬에게 주신 지혜는 무엇입니까?

① 원문에는 '듣는 마음'(레브 쇼메아)으로 되어 있습니다. 쉐마는 듣는다는 것입니다. 즉 백성의 송사를 듣고 옳고 그름을 '분별하는'(discerning) 지혜를 가리킵니다.

② 또한 지혜는 하나님의 말씀을 듣고 순종하는 마음을 말합

니다.

③ 사도 바울은 십자가에 못 박힌 예수 그리스도가 바로 하나님의 지혜와 능력이라고 했습니다(고전 1:23~24).

■ 그러면 지혜는 어디에서 옵니까?

① 지혜는 하나님을 경외함으로써 받게 됩니다. 잠언 1장 7절에 "여호와를 경외하는 것이 지식의 근본이어늘……" 이라고 했습니다.

② 지혜는 하나님의 말씀을 배움을 통해서 얻어집니다(신 4:5~8; 시 119편).

③ 지혜는 하나님의 계시를 통해서 얻습니다(행 6:10; 고전 2:6 이하)

④ 따라서 우리는 솔로몬처럼 하나님을 경외함으로, 하나님의 말씀을 공부함으로, 또한 기도를 통해서 하나님이 주시는 지혜를 받을 수 있습니다.

■ 15절에서는 솔로몬이 하나님의 축복을 받은 다음 기브온이 아닌 예루살렘에서 제사를 드린 것을 볼 수 있습니다. 이처럼 하나님을 만나고 나면 우리는 하나님이 원하시는 길로 가게 되는 것입니다(예 : 동방박사는 예수님을 만난 뒤 다른 길로 갔습니다).

셋째, 솔로몬의 지혜로운 재판(16~28절)

■ 16~28절에는 솔로몬이 어떻게 지혜롭게 재판하였나를 보여 줍니다.

■ 한 집에 두 명의 창기(harlot)가 있었습니다. 각자에게 난 지 3일 된 아기가 있었습니다. 한 여인(A)이 자기 아기를 깔고 자는 바람에 그만 아기가 죽었습니다. 이 여인은 몰래 다른 여인의 아들과 바꾸었습니다. 다른 여인(B)이 이튿날 아침에 깨어 보니 아기가 죽어 있는 것입니다. 그런데 자세히 들여다보니 자기의 아기가 아니었습니다. A라는 여인이 아기를 바꾼 것입니다. 여기서 문제가 생겼습니다.

■ 두 여인은 살아남은 아이가 서로 자기 아이라고 주장했지만 이 일에 아무 증인도 없었다는 것입니다. 지금 같으면 DNA를 검사하면 쉽게 판명이 나겠지만 그때는 그러지 못했습니다.

■ 이러한 일에 대해서 솔로몬 왕은

① 두 여인의 이야기를 들었습니다. 지혜는 듣는 마음입니다.

② 그리고 칼로 살아 있는 아이를 둘로 나누라고 했습니다.

③ 이때 살아 있는 아기의 어미(B)가 그 아이가 죽는 것은 못 보겠으니 그냥 A라는 여인에게 주라고 했고, A라는 여인은 죽여서 "내 것도 되게 말고 네 것도 되게 말고 나누게 하라"고 했습니다.

④ 이것을 보고 솔로몬은 아이를 B라는 여인에게 주고 죽이지 말라고 했습니다.

■ 28절을 보면 온 이스라엘 백성들이 이러한 솔로몬 왕의 재판을 보면서 하나님의 지혜가 솔로몬에게 있음을 보고 왕을 두려워했다는 사실을 알 수 있습니다. 이처럼 하나님을 경외하는 자에게 하나님은 지혜를 주십니다.

■ 그리고 본문에서 주는 중요한 교훈은 하나님의 정의는 만민에게 공평하다는 것입니다. 그리고 창녀들에게까지도 공평하다는 것입니다. 인간적인 정의는 항상 유력자들이나 권력자들에게 호의적이었습니다.

그러나 하나님의 공의는 "가난한 자를 진토에서 일으키시는"(삼상 2:8; 눅 1:52~53) 것입니다. 즉 하나님의 정의는 사회적으로 소외받는 자들, 남자들의 세계에서 학대받는 여인들, 가난으로 학대받는 자들을 보호해 주시는 것입니다. 바로 이러한 정의가 실현되는 곳에 하나님의 지혜가 작용하고 있는 것입니다.

결론

우리는 어느 길로 갈 것인가? 즉 세속적인 길인 부와 명예와 권력과 장수를 목표로 삼는 길로 갈 것인가, 아니면 하나님의 말씀에 순종하며 사는 지혜의 길로 갈 것인가가 우리 앞에 놓여 있습니다.

이러한 상황에서 솔로몬은 먼저 그의 나라와 그의 의를 구하는 것을 선택했습니다. 이때 하나님께서는 솔로몬의 선택을 기뻐하셨습니다. 그래서 그가 구한 지혜를 주셨을 뿐만 아니라 구하지 아니한 부와 명예와 수까지도 덤으로 주셨습니다.

성도 여러분, 어느 길을 선택하시겠습니까? 성도님들도 솔로몬처럼 하나님을 경외하고, 하나님의 말씀에 순종하는 지혜로운 길을 선택하시기 바랍니다. 그래서 하나님의 마음에 합한 자가 되셔서 하나님으로부터 축복받는 자가 되시기 바랍니다.

마태복음 6장 33절에 예수님은 "먼저 그의 나라와 그의 의를 구하라 그리하면 이 모든 것을 너희에게 더하시리라"고 하셨습니다. 하나님의 마음을 기쁘게 하고, 하나님으로부터 복받는 삶을 사시기를 바랍니다.

솔로몬의 행정적 지혜

열왕기상 4:1~34

하나님께서 일천번제 제사를 드린 솔로몬에게 나타나셔서 "내가 네게 무엇을 줄꼬 너는 구하라" 고 하셨습니다. 솔로몬은 "누가 주의 이 많은 백성을 재판할 수 있사오리이까 지혜로운 마음을 종에게 주사 주의 백성을 재판하여 선악을 분별하게 하옵소서" 라고 했습니다.

이러한 솔로몬의 간구가 하나님의 마음에 맞으므로 하나님께서는 솔로몬에게 지혜롭고 총명한 마음을 주셔서 "너의 전에도 너와 같은 자가 없었거니와 너의 후에도 너와 같은 자가 일어남이 없으리라" 고 하신 것입니다.

이처럼 지혜의 왕이 된 솔로몬은 먼저 하나님을 경외했습니다. 그리고 어떻게 백성을 위한 행정을 펼쳐가는가를 4, 5장에서 설명하고 있습니다. 솔로몬은 나라를 확장하기보다는 현재의 국정을 유지하려는 정치를 했습니다. 왜냐하면 그의 통치지역이 매우 광범위했기 때문입니다.

"솔로몬이 그 강에서부터 블레셋 사람의 땅에 이르기까지와 애굽 지경에 미치기까지의 모든 나라를 다스리므로 솔로몬의 사는 동안에 그 나라들이 조공을 바쳐 섬겼더라"(왕상 4:21).

따라서 솔로몬은 큰 나라를 다스리기 위해서 "인사(人事)가 만사(萬事)"라는 말처럼 인재들을 적재적소에 배치해서 그들이 나라를 위해 일할 수 있도록 지혜를 발휘했습니다.

첫째, 솔로몬 행정부의 고위관리들(1~6절)

■ 다윗 시대에는 군대장관을 먼저 거론했습니다(삼하 8:15~18, 20:23~25). 그러나 솔로몬은 2절에서 먼저 "그의 신하들은 이러하니라 사독의 아들 아사리아는 제사장이요"라고 했습니다. 즉 군대장관보다 먼저 제사장을 말하고 있습니다. 이 말은,

① 솔로몬이 통치하던 시대는 전쟁이 없는 평화의 시대였음을 말해 줍니다.

② 또한 솔로몬은 하나님께 예배드리는 것을 중요시했다는 사실을 알 수 있습니다.

■ 2~6절에 솔로몬의 행정 내각을 볼 수 있습니다.

■ 각 직위에 임명된 자와 그들의 직무를 살펴보면 다음과 같습니다.

① 대제사장 아사리아(사독의 아들) — 하나님 앞에서 백성을

대표하고 제사를 집례함.

② 제사장 사독, 아비아달 — 제사드리는 일, 율법을 가르치는 일

③ 군사령관 브나야(여호야다의 아들) — 국가 방위를 지휘함.

④ 관리장 아사리아(나단의 아들) — 왕의 명령을 받아 일을 함.

⑤ 대신 사붓(나단의 아들) — 정치상의 일을 감당함.

⑥ 서기관 엘리호렙, 아히야(시사의 아들들) — 중요사건을 기록함.

⑦ 사관 여호사밧(아힐룻의 아들) — 왕의 일과 판결을 글로 기록하고 역사적으로 남김.

⑧ 궁내대신 아히살 — 궁전 살림을 맡아서 함.

⑨ 감역관 아도니람(압다의 아들) — 솔로몬의 건축사업을 지휘함.

■ 이러한 참모들을 보면서 솔로몬은 아버지가 참모로 등용했던 이들의 아들들을 등용한 것을 알 수 있습니다. 이것은

① 구세력을 포용한다는 것이고,

② 전문성을 인정했다는 사실입니다. 예전에는 아버지의 직업이 대개 아들에게 전수되었습니다.

③ 또한 다윗 시대에는 없었던 조직을 만들었습니다. 그것이 궁내 대신입니다. 이 말은 다윗 시대보다 솔로몬 시대에 왕궁의 규모가 커졌음을 말하고 있습니다.

둘째, 지방 관장을 임명함(7~19절)

▦ 솔로몬은 전국을 12개의 행정 구역으로 나누고 이를 관할할 12관장을 세웠습니다. 미국으로 말하면 주지사이고, 한국으로 말하면 도지사를 가리킵니다.

▦ 12관장이 관할한 지역은 이전에 12지파가 차지한 지역을 근거로 해서 나누어졌습니다. 이것은 솔로몬이 기존 질서를 최대한 유지하려고 한 것을 보여 줍니다.

▦ 12관장들 중에는 누구 누구의 아들로 소개되는 사람이 5명이 있습니다. 구약성경에서 아버지의 이름이 언급되는 것은 그 아버지가 그 시대에 유명한 사람이었다는 것입니다(예 : 스바냐).

▦ 또 12명의 관장들 중에는 솔로몬의 사위도 2명이나 포함되어 있습니다. 11절의 벤아비나답과 15절의 아히마아스입니다.

▦ 7절에 보면 12관장들이 각자 돌아가면서 1년에 한 달씩 왕궁에서 사용될 물자들을 제공하게 했다는 것입니다.

① 한 지역에만 왕궁 물자를 조달하게 하면 지나친 부담이 되므로 불만이 나오기가 쉽습니다.

② 왕이 한 지역에 지나치게 의존함으로써 정치적 부담을 안기가 쉽습니다.

③ 그러나 1년에 한 달씩 12관장에게 책임을 나누어 줌으로써 불만과 특권의식을 없앴습니다.

셋째, 솔로몬의 번영 및 명성(20~34절)

■ 20절에 보면 "유다와 이스라엘의 인구가 바닷가의 모래같이 많게 되매 먹고 마시며 즐거워하였으며"라고 했습니다. 이것은 하나님의 축복의 대표적인 것인 인구의 증가를 가리키는 것이며, 또한 그 많은 인구가 풍성히 먹고, 마시고, 삶을 누릴 수 있는 경제력과 풍요를 가리킵니다. 또한 이 말을 통해 창세기 22장 17절에서 하나님께서 아브라함에게 약속하신 것이 이루어졌음을 알 수 있습니다. 이처럼 하나님은 약속을 지키시는 분이십니다.

■ 21절에 "솔로몬이 그 강에서부터 블레셋 사람의 땅에 이르기까지와 애굽 지경에 미치기까지의 모든 나라를 다스리므로……" 라고 하였는데, 이는 솔로몬 당시 이스라엘이 지배하던 넓은 땅을 가리킵니다. 이것은 창세기 15장 18~20절의 말씀이 성취된 것입니다(땅의 축복입니다).

■ 22~23절은 솔로몬 왕궁에서 하루에 소비되는 양식에 관한 것인데, 학자들은 이 정도면 1만 4천 명이 풍족하게 먹을 양이라고 합니다. 즉 이 말은 그 당시 솔로몬 왕궁의 규모가 얼마나 컸는가를 보여 줍니다.

■ 24~25절에는 "사방에 둘린 민족과 평화를 누렸으니 솔로몬이 사는 동안에 유다와 이스라엘이 단에서부터 브엘세바에 이르기까지 각기 포도나무 아래와 무화과나무 아래서 평안히 살았더라"고 기록되어 있습니다. 즉 평화롭게 살았다는 것입니다. 하나님을 경외하는 왕과 백성에게 하나님은 평화를 내려주시는 것을 알 수

있습니다.

① 여기서 "단에서부터 브엘세바"라는 말은 이스라엘 전국을 가리키는 말입니다.

② 성경에서 화평과 번영을 누린다고 할 때 "포도나무 아래와 무화과나무 아래서 산다"고 했습니다(미 4:4; 슥 3:10).

■ 27~28절은 7절과 마찬가지로 12관장들이 왕실을 위해 제공한 것들을 가리킵니다.

■ 29~31절에서는 솔로몬의 지혜가 얼마나 뛰어났는가를 보여줍니다.

① 지혜는 명철, 학식, 기술 등의 의미를 담고 있습니다. 즉 삶의 모든 영역에서의 탁월한 통찰력을 말합니다.

② 총명은 폭넓은 이해력을 가리킵니다.

③ 당시 최고의 문화를 이룬 나라는 애굽이었는데, 하나님이 주신 솔로몬의 지혜가 동양 모든 사람의 지혜와 애굽의 모든 지혜보다 뛰어난 것입니다(애굽의 지혜는 피라미드 등 엄청난 과학과 수학을 가리킵니다).

■ 32~34절에서 솔로몬은 그 뛰어난 지혜로 많은 시와 잠언을 지었습니다.

① 잠언 3천을 말하였고,

② 노래는 천 다섯이었습니다.

③ 생물학에도 조예가 깊었습니다.

④ 그래서 잠언, 전도서, 아가서도 솔로몬이 기록했을 가능성이 많다고 성경학자들은 말합니다.

⑤ 그래서 34절에서는 천하 모든 왕들이 그 지혜를 듣기 위해 사람을 보내 왔다고 했습니다. 이것에 대해서 열왕기상 10장 24절에는 "온 세상 사람들이 다 하나님께서 솔로몬의 마음에 주신 지혜를 들으며 그 얼굴을 보기 원하여"라고 했습니다.

결론

솔로몬이 하나님께 일천번제를 지내며 지혜로운 마음을 달라고 했을 때 하나님은 솔로몬에게 지혜를 주셨습니다. 또한 솔로몬은 하나님을 경외했고, 백성들을 공평과 의로 다스리려고 했습니다. 이러한 솔로몬에게 하나님은 화평과 번영의 복을 내려주셨습니다. 이제 이러한 복을 받은 솔로몬은 더욱 더 겸손히 하나님만을 섬겨야 하는 것입니다.

성도 여러분, 하나님을 경외하시기 바랍니다. 그리고 이웃과는 공평과 의를 실현하시기 바랍니다. 하나님이 주시는 평화와 번영의 복을 받으시고, 복과 번영의 시기에 더욱더 하나님의 말씀에 겸손하게 순종해서 자손 대대로 하나님의 복을 받으시기 바랍니다.

성전 건축을 위한 준비

열왕기상 5:1~18

사무엘하 7장 1절에 보면 “여호와께서 주위의 모든 원수를 무찌르사 왕으로 궁에 평안히 살게 하신 때에” 라는 말씀이 나옵니다.

즉, 다윗이 이처럼 평안할 때에 성전을 짓기로 마음먹은 것을 알 수 있습니다. 열왕기상 4장 24절에도 “솔로몬이 그 강 건너편을 딥사에서부터 가사까지 모두 그 강 건너편의 왕을 모두 다스리므로 그가 사방에 둘린 민족과 평화를 누렸으니” 라고 나옵니다. 그리고 열왕기상 5장 4절에 “이제 내 하나님 여호와께서 내게 사방의 태평을 주시매 원수도 없고 재앙도 없도다” 라고 했습니다. 이처럼 평화로운 시기에 솔로몬은 성전을 짓기로 나섰습니다.

우리가 아는 대로, 하나님께서는 다윗에게 주변 나라와의 전쟁에서 그가 피를 너무 흘렸기 때문에 성전을 건축하는 데 적합하지 않다고 하셨고, 사무엘하 7장 12~13절에서 “……네 몸에서 날 네

씨를 네 뒤에 세워 그 나라를 견고하게 하리라 그는 내 이름을 위하여 집을 건축할 것이요" 라고 하셨습니다.

이렇게 해서 솔로몬이 성전을 건축하게 됩니다. 이는 다음의 사례와 비슷하다고 볼 수 있습니다. 축구 경기에서 골 하나가 들어가면 골 넣은 선수에게 영광이 돌아갑니다. 그러나 사실 골을 넣는 것은 그가 골을 넣을 수 있도록 패스한 선수와 미드필더, 수비수, 그리고 골키퍼가 있기에 가능한 일입니다.

즉, 솔로몬이 성전 건축하는 일도 혼자만의 힘으로는 이룰 수 없습니다. 아버지 다윗 왕의 오랜 준비와 주변 국가 왕들의 도움, 그리고 백성들의 적극적인 협력과 헌신으로 이루어진 것입니다. 이처럼 열왕기상 5장은 성전을 짓기 위한 준비, 도움, 그리고 협력과 헌신을 볼 수 있습니다.

첫째, 성전 건축을 위한 준비(1~6절)

■ 1절에 보면 솔로몬이 다윗의 뒤를 이어 이스라엘의 왕이 되었을 때 두로 왕 히람이 특사를 보내서 축하한 사실을 볼 수 있습니다.

① 두로(Tyre)는 베니게(Phoenicia)의 수도입니다.

② 베니게는 북쪽으로는 아마드로부터 남쪽으로는 갈멜 산 북쪽까지 뻗어 있고, 동쪽으로는 레바논 산맥을 끼고 있습니다. 그 길이가 24km에 이릅니다. 그래서 베니게는 지중해 해안을 끼고 있는, 폭은 좁고 남북으로는 긴 땅으로 형성되어

있습니다.

③ 동으로는 산악지대이기 때문에 내륙과의 교통은 어려웠습니다. 반면 해안이 길기 때문에 항해와 조선술이 발달했고, 또한 해상무역을 통해 엄청난 부를 축적했습니다(대상 22:4; 겔 27:3).

④ "히람이 평생에 다윗을 사랑하였음이라"는 말은 국제조약상의 우의를 가리키는 전문적인 용어입니다. 즉 다윗이 통치하던 기간 내내 서로 우호적인 관계를 유지해 왔다는 것입니다. 그러니 히람은 그 좋은 관계를 솔로몬 대에도 계속 유지하기를 바랐습니다.

⑤ 이처럼 솔로몬은 아버지 다윗의 외교 역량으로 말미암아 베니게와도 좋은 관계를 가질 수 있게 된 것입니다.

■ 2~5절에서 솔로몬은 자신의 왕위 즉위에 대해서 축사를 가지고 온 히람의 특사에게 자연스럽게 말합니다. 그것은 5절에 나오는 대로 "……내가 내 하나님 여호와의 이름을 위하여 성전을 건축하려 하오니"라는 것입니다.

① 그러면서 사무엘하 7장에 나오는 역사적인 이야기를 합니다.

② 먼저 성전 건축은 하나님의 뜻에 따라 이루어진 일이라는 것입니다. 다윗 왕이 자신은 백향목 궁에 거하면서 하나님의 법궤는 장막 안에 있는 것이 마음에 걸려 하나님께 성전을 짓겠다고 했다는 것입니다.

③ 그러나 하나님은 다윗이 많은 정복전쟁으로 피를 흘렸기에 성전 건축하는 일에 대해서 허락하지 않으셨다는 것입니다.

④ 그리고 아들인 솔로몬에게 맡기셨다는 것입니다.

⑤ 그리고 감사한 것은 지금은 성전 짓기에 적기인 평화의 때라는 것입니다(4절).

⑥ 여기서 솔로몬 마음 속 깊이 자리하고 있는 하나님에 대한 경외와 아버지 다윗에 대한 존경심이 나타나고 있습니다. 사실 제왕의 자리에 오르면 자기 위에 사람이 없는 것처럼 오만해지기 쉽습니다. 그러나 솔로몬은 '지혜로운 마음'을 가졌기에 하나님의 영광을 위하여 아버지 다윗 왕이 추진했던 성전 건축을 하게 되었다는 것입니다.

■ 6절에서 솔로몬은 구체적으로 베니게 왕 히람에게 성전 건축에 필요한 것을 말합니다.

① "레바논에서 백향목을 베어내게 하소서" 입니다. 그 당시에 레바논에서 생산된 백향목은 썩지 않고 좀먹지 않는 것으로 유명했습니다. 그래서 목재 중에 최고의 질로 여겨졌습니다.

② 에베소의 성전을 지을 때 지붕에 사용된 목재가 레바논의 백향목인데 400년간 온전히 보존되었다고 합니다.

③ "내 종과 당신의 종이 함께할 것이요……" 라는 말은 레바논의 백향목을 벌목할 때에 이스라엘에서도 일꾼을 보내겠다는 것입니다.

④ "또 내가 당신의 모든 말씀대로 당신의 종의 삯을 당신에게 드리이리이다" 라고 했습니다. 솔로몬은 히람 왕에게 백향목 나무 값에 대해서 적당한 대가를 주겠다는 것입니다. 이 말은 우리 그리스도인이 명심해야 할 것입니다. 내가 성공하기 위해서는 상대도 성공할 수 있게 해야 합니다.

⑤ "당신도 알거니와 우리 중에는 시돈 사람처럼 벌목을 잘 하는 자가 없나이다"라고 했습니다. 여기서 솔로몬은 상대방의 장점을 인정했고, 또 칭찬했습니다. "칭찬은 고래도 춤추게 한다"는 말이 있듯이 이처럼 인정과 칭찬은 상대방과 신뢰하는 관계에 들어가게 합니다.

■ 솔로몬은 성전 건축을 준비하는 과정에

① 하나님의 약속을 깨닫고 성전 건축은 하나님의 섭리에 의해서 하는 것임을 밝힙니다.

② 또한 협력자인 두로 왕 히람과의 관계는 서로 유익이 되도록 해나가는 것을 보게 됩니다. 즉 성전 건축은 서로 서로에게 win, win이 되어야 하는 것입니다.

둘째, 솔로몬과 히람의 약조(7~12절)

■ 7~8절에서 솔로몬의 요청에 대해서 히람이 기쁨으로 응답하는 것을 보게 됩니다.

① 히람은 "오늘날 여호와를 찬양할지로다"라고 했습니다. 즉 히람은 이스라엘의 하나님을 찬양하는 것입니다.

② 또한 하나님께서 솔로몬에게 지혜를 주셔서 큰 나라를 다스리게 하셨다고 하나님을 찬양하고 있습니다.

③ 그리고 히람은 기쁜 마음으로 솔로몬이 성전 건축하는 데 필요한 대로 목재를 공급하겠다고 했습니다.

■ 9절에서 히람이 솔로몬에게 덤으로 더 약속한 것은

① 그 당시 베니게 사람들은 엄청난 크기의 목재들을 묶어서 물길로 운반하는 지혜를 가졌습니다. 이 방법이 육로로 운반하는 것보다 훨씬 빠르고 쉬웠습니다. 그리고 고도의 기술이 필요했습니다. 바로 이 일을 히람 왕이 자원해서 솔로몬에게 해주겠다고 한 것입니다.

② 그러면서 히람은 자신이 보낸 목재를 받고 이스라엘은 그 대가로 음식을 보내 달라고 했습니다. 즉 물물교환, 다른 말로 하면 구체적인 무역을 하자는 것입니다.

■ 10~11절에서 솔로몬과 히람 사이에 구체적인 무역 내용이 나옵니다.

① 솔로몬이 필요한 대로 히람 왕은 백향목 재목과 잣나무 재목을 공급했습니다.

② 그리고 솔로몬은 히람에게 매 해마다 밀 2만 석과 맑은 기름 20고르를 주었습니다.

③ 역대하 2장 15~16절에 보면 "내 주의 말씀하신 밀과 보리와 기름과 포도주는 주의 종들에게 보내소서 우리가 레바논에서 당신이 쓰실 만큼 벌목하여 떼를 엮어 바다에 띄워 욥바로 보내리니"라고 했습니다.

④ 그 당시 솔로몬이 히람에게 보낸 음식은 적지않은 양이었습니다(참고 : 열왕기상 4장 22절에 보면 솔로몬 왕궁에서 7개월 동안 사용될 양이었음).

■ 12절에서 솔로몬과 히람 사이에 약조가 이루어진 것은

① "여호와께서 그의 말씀대로 솔로몬에게 지혜를 주신 고

로……”라고 했습니다. 즉 하나님의 지혜로 이루어졌습니다.

② 이렇게 솔로몬과 히람은 약조를 하게 된 것입니다.

셋째, 노동자의 배치(13~18절)

■ 13절에서 솔로몬은 벌목(laborer)하는 사람을 3만 명을 뽑았습니다.

■ 14절에서 솔로몬은 한 달에 한 번씩 벌목을 위해서 산에 올라가게 했고, 그리고 일을 마치면 두 달은 가정에서 지낼 수 있게 했습니다. 우리는 이를 통해 솔로몬이 일과 쉼을 병행하게 해서 균형을 잡은 것을 보게 됩니다. 일과 쉼은 사람에게 꼭 필요한 것입니다. 그래서 하나님은 6일을 일하고 제7일에 쉬라고 하신 것입니다.

■ 15절에서 솔로몬은 석재를 준비했습니다. 담꾼은 돌을 운반하는 자인데 7만 명이었고, 그 돌을 다듬는 자(산에서 돌을 뜨는 자)가 8만 명이었습니다.

■ 16~18절에서 그 일을 관리하는 자가 3,300명이었다고 말합니다. 이는 각 사람들이 자기가 맡은 달란트대로 성전 짓는 일에 협력함입니다.

고린도전서 12장 12절에서 “몸은 하나인데 많은 지체가 있고 몸의 지체가 많으나 한 몸임과 같이 그리스도도 그러하니라”고 했습니다. 이처럼 솔로몬이 지은 성전은 신약에서 그리스도의 몸을 가리키는데, 모든 사람이 협력해서 그리스도의 몸을 이루는 것을 볼 수 있습니다.

결론

솔로몬이 세울 하나님의 성전 터는 아브라함이 그의 독자 이삭을 하나님께 희생제물로 드렸던 산이요, 또한 사무엘하 24장에서 다윗이 은 50세겔을 주고 산 아라우나 타작마당이었습니다. 바로 그곳에 하나님의 섭리에 따라서 솔로몬이 정성을 다해 성전을 짓기 위해서 준비하고, 그리고 성전을 지은 것을 보게 됩니다.

이 일로 말미암아 성전을 짓겠다고 나선 다윗에 대해서 역대상 대부분에 기록하고 있고, 성전을 지은 솔로몬에 대해서는 역대하 대부분에 기록하고 있습니다. 이것은 성전 짓는 일은 하나님을 기쁘게 하는 일이요, 또한 인류 구원의 역사를 이루는 일이라는 것입니다. 성도 여러분도 예수 그리스도의 몸 된 하나님의 집을 짓는 일에 솔로몬처럼 열심을 내시기 바랍니다. 그래서 다윗과 솔로몬이 받고 누린 하나님의 복을 받으시고, 또 영광을 누리시기 바랍니다.

솔로몬의 성전 건축

열왕기상 6~7장

사무엘하 7장에서 다윗 왕은 하나님을 위해 집을 지어드리겠다고 했습니다. 이에 대해서 하나님은 거절하시면서 오히려 하나님은 다윗의 집을 지어 주시겠다고 약속하셨습니다. 물론 여기서 '집' 은 왕조(dynasty)를 의미합니다. 또한 성전은 다윗이 아닌 다윗의 몸에서 날 자가 지을 것이라고 하셨습니다.

그 사람이 바로 솔로몬입니다. 하나님은 손에 피를 많이 묻힌 자는 성전을 건축하기에 적합지 않음을 말씀하셨습니다. 따라서 다윗은 하나님의 집을 짓지 않았고, 내신 성전을 지을 때 필요한 물자를 준비했습니다. 그리고 하나님은 솔로몬 시대에 "사방에 태평을 주셔서 원수도 없고 재앙도 없다" 고 한 것처럼 평화를 주신 것입니다.

이때 솔로몬은 성전 건축을 시작했습니다. 따라서 솔로몬의 성전 건축은 자신의 야망이라기보다는 아버지 다윗 때부터 내려온 하나님께서 계획하신 일임을 알 수 있습니다.

모든 일에 첫 단추를 잘 꿰는 것이 중요합니다. 솔로몬은 왕으로서의 첫 사업을 성전 건축으로 시작한 것입니다. 마태복음 6장 33절처럼 "먼저 그의 나라와 그의 의를 구하는 일"을 행했습니다. 특별히 열왕기상 6~7장은 어떤 유명한 건물을 안내받는 것처럼 성전을 자세하게 묘사하는 것을 볼 수 있습니다.

첫째, 성전 바깥 시설물 건축(6:1~10)

▪ 1절을 보면 솔로몬이 성전 건축을 시작한 시기를 자세히 명시하고 있습니다.

① 성전 건축 시기는 이스라엘 자손이 애굽에서 나온 지 480년 되던 해라고 했습니다. 그리고 성전 건축에 이스라엘 백성의 출애굽 사건을 언급한 것은 바로 출애굽이 이스라엘의 역사 시작임을 의미합니다. 동시에 광야에서의 장막이 드디어 건물이 되는 모습 또한 보여 주고 있습니다.

② 솔로몬이 왕으로 등극한 지 4년 만에 건축이 시작되었습니다. 솔로몬이 BC 961년에 등극하였으니 4년 뒤면 957년 시브월(4~5월)에 건축이 시작됐다고 볼 수 있습니다.

③ 성전이 건축된 장소는 역대하 3장 1절에 보면 "솔로몬이 예루살렘 모리아 산에 여호와의 전 건축하기를 시작하니 그 곳은 전에 여호와께서 그 아비 다윗에게 나타나신 곳이요 여

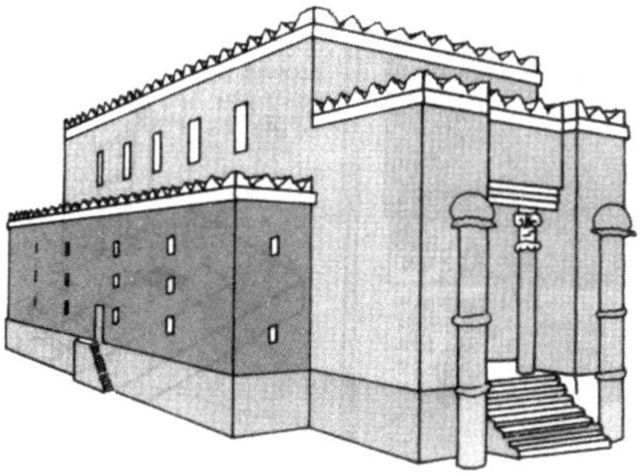

부스 사람 오르난의 타작 마당에 다윗이 정한 곳이라"는 것입니다.

■ 2~10절에서는 성전 바깥 시설물에 대해서 설명하고 있습니다.

① 전체적인 규모와 윤곽은 길이가 60규빗이고, 너비가 20규빗이고, 고가 120규빗이었습니다. 그리고 낭실(현관)의 길이는 20규빗이고, 앞뒤 길이는 10규빗이었습니다.

② 바깥 벽 주변의 시설은 4~6절, 그리고 8절에 보면 붙박이창(고정된 창으로 빛과 공기가 통함)을 내었고, 성전 본당을 돌아가면서 다락을 건축하고 다락마다 골방을 만들었습니다(5~6절). 그리고 8절에서는 아래층에서 위층으로 오를 때에는 나사 모양으로 된 사닥다리를 만들었습니다.

③ 9절에서는 내부에서 바라본 지붕을 설명하는데, 백향목 서까래와 널판으로 덮었습니다.

④ 10절에는 바깥을 둘러싸는 구조물을 설명하는데, 나무와 돌을 완벽하게 치수에 맞춰서 재단해서 성전을 지은 것을 알 수가 있습니다.

▪ 7절에 성전에 쓰일 돌을 돌 뜨는 곳에서 치석함으로 성전을 건축할 때에 시끄러운 소리가 나오지 않게 했다는 것입니다. 이 말은 하나님을 모시는 성전에는 인간의 소리 등의 잡소리나 시끄러운 소리가 나서는 안 되고, 조용하면서도 경건하게 성전을 지어야 함을 가르쳐 줍니다.

둘째, 성전을 지을 때 하나님의 법도에 따라야 한다(6:11~13)

▪ 11~13절에 보면 성전을 짓는 솔로몬에게 원하시는 것은 율법과 계명을 잘 지킴입니다. 그렇게 하면 하나님이 다윗과 함께하셨던 것처럼 솔로몬과도 함께하시겠다고 말씀하십니다.

▪ 솔로몬이 다윗의 뒤를 이어 왕이 된 것은 사무엘하 7장에 나오는 대로 '왕조 계약'에 의한 것이었습니다. 그런데 왕이 된 솔로몬의 앞날이 형통하게 되는 것은 출애굽기 19~24장에 맺은 시내 산 계약처럼 하나님의 율례를 신실하게 지킬 때입니다. 그 때에야 하나님은 이스라엘 자손 가운데 거하시고, 이스라엘을 버리지 않으신다고 했습니다.

그러나 시편 89편 30~32절에 나온 것처럼 "만일 그 자손이 내 법을 버리며 내 규례대로 행하지 아니하며 내 율례를 깨뜨리며 내 계명을 지키지 아니하면 내가 회초리로 그들의 죄를 다스리며 채찍으로 그들의 죄악을 벌하리로다"라고 하셨습니다. 즉, 성전을 아무리 화려하게 지어도 하나님의 말씀에 순종하지 아니하면 아무 소용이 없습니다.

■ 하나님은 단순히 솔로몬의 경배를 받으시려고 성전 세우는 것을 허락하신 것이 아니라 솔로몬과 이스라엘 백성이 하나님의 율례를 지켜서 하나님의 축복을 계속 받게 하기 위하셨음을 알 수 있습니다.

셋째, 성전 내부(6:14~38, 7:13~51)

■ 14~38절에는 성전 내부를 설명하고 있습니다.

① 15~28절에는 성소의 내소, 즉 지성소를 말씀하고 있습니다.

② 지성소는 길이, 너비, 높이가 각 20규빗이었습니다.

③ 그리고 마루에서 천장까지 백향목 널판으로 가로막아 지성소(inner sanctuary)를 만들었습니다.

④ 지성소 안에는 언약궤를 두었고, 언약궤 안에는 십계명과 만나를 담은 금항아리와 아론의 싹 난 지팡이가 들어 있었습니다.

⑤ 그리고 지성소 안에는 그룹 둘이 있는데, 감람목(감람나무)으로 만들어서 그 위에 금을 입혔습니다. 이 그룹들은 하나님을 섬기기 위함이며, 이 그룹들을 통해서 하나님을 섬기는 법을 배워야 합니다.

⑥ 지성소 입구에는 감람나무로 문을 만들었습니다. 두 문짝에는 그룹과 종려나무와 꽃모양을 새겼습니다. 내소의 문은

감람나무로 만들었습니다. 외소의 문 두 짝은 잣나무로 만들었습니다.

■ 성전 안의 기구를 보면,

① 향단 — 지성소로 들어가는 문 앞에 향단이 있었습니다(6:20, 7:48). 백향목으로 만들었고, 그 위에 금을 입혔습니다.

② 정금 등대 — 성소에는 좌우로 다섯씩 두 개의 정금 등대가 등잔과 그밖의 장식품과 함께 있어 성소를 밝혀 주었습니다(7:49).

■ 두 놋기둥(야긴과 보아스, 7:15~22)

① 이 기둥은 놋을 다루는 대장장이 히람에 의해서 만들어졌습니다. 그 높이는 18규빗이고, 둘레는 12규빗이었습니다. 그리고 5규빗 되는 머리를 만들어 기둥 위에 놓았습니다(7:15~16). 그리고 기둥 머리 5규빗 중 4규빗은 백합꽃 모양으로 했습니다(7:19).

② 두 기둥의 이름은 야긴[Jagin-저가(하나님이) 세우다, 오른쪽]과 보아스[Boaz-그에게 힘이 있다, 왼쪽]라고 했습니다.

■ 성전 뜰 기구(왕상 7:23~26)

① 바다(sea, molten) — 성전문의 남서쪽에 놓였습니다. 용도는 놋바다의 물로 제사장들이 몸을 씻었습니다.

② 놋받침대(movable stands bronze) — 성전 북쪽과 남쪽에 각각 5개씩 놓였습니다.

③ 물두멍(basin, 7:40) — 바다는 제사장들의 몸을 씻기 위한 것이고, 물두멍은 손발을 씻기 위한 것이었습니다.

④ 놋제단(bronze altar) — 성전 뜰의 중심에 있었고 희생제물을 바치는 곳입니다.

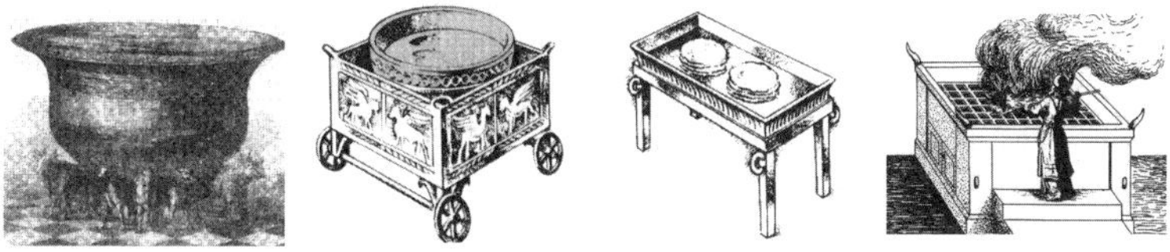

■ 그밖의 기구들(7:41~51)

① 물두멍과 부삽과 대접들

② 기둥들과 그 기둥 꼭대기의 공 같은 머리 둘과 또 기둥 꼭대기의 공 같은 머리를 가리는 그물들

③ 사백 개의 석류

④ 또 열 개의 받침과 받침 위의 열 물두멍

⑤ 한 바다와 그 바다 아래 열두 소

⑥ 솥과 부삽과 대접들

결론

하나님의 성전은 인간의 생각에 의해서 인간 마음대로 지은 것이 아닙니다. 역대상 28장 19절 말씀에 "여호와의 손이 내게 임하여 모든 것의 설계를 그려 나로 알게 하셨느니라"고 했습니다. 즉 하나님께서 그려 주셨다는 것입니다. 노아의 방주도 하나님이 가르쳐 주신 대로 지었습니다. 이처럼 솔로몬의 성전도 하나님이 가르쳐 주신 대로 지었습니다.

따라서 하나님의 성전을 짓는 것의 핵심의 첫 번째는 하나님의 방법대로 세워져야 하고, 운영되어야 한다는 것입니다. 세상 방법대로 교회를 움직여서는 안 됩니다. 성전 짓는 것의 두 번째 핵심은 순종입니다. 그래서 솔로몬은 하나님이 가르쳐 주신 대로 순종하며 성전을 지었던 것입니다. 그랬기 때문에 솔로몬이 지은 성전을 하나님께서 받으셨고, 복 주셨습니다.

오늘 우리도 성전에서 신앙생활 할 때 첫째로 하나님의 가르치심대로 섬겨야 하며, 둘째로 순종해야 합니다. 이처럼 우리가 하나님 가르침대로 섬기고, 하나님의 말씀에 순종할 때 하나님께서 솔로몬을 복 주시고, 솔로몬과 그 집에 영광이 임하신 것처럼 우리에게도 축복과 하나님의 영광이 충만하게 되는 역사가 일어날 것입니다. 솔로몬처럼 하나님께 복받고 하나님의 영광이 넘치는 복된 삶을 사시기를 바랍니다.

성전의 의미

열왕기상 6~7장

구약성경을 보면 이스라엘 왕정 역사에 대해서 두 가지 역사 기록이 나옵니다. 하나는 열왕기상 · 하이고, 또 하나는 역대기상 · 하입니다.

그런데 두 역사책을 쓴 사람의 사관(史觀)이 다릅니다. 열왕기서는 신명기 역사관으로 쓰여졌습니다. 반면 역대기는 바벨론 포로가 되었다가 하나님의 은혜로 70년 만에 다시 예루살렘에 돌아온 유대인들을 위해서 기록된 책입니다.

신명기 사관으로 쓰여진 열왕기서는 율법에 순종하면 축복을 받고 율법에 불순종하면 저주를 받는 것을 분명하게 기록하고 있습니다. 다시 말해서 하나님이 주신 율법을 왕과 백성이 힘써 지키면 하나님께서 복을 내리십니다. 또한 하나님께서 적들도 물리쳐 주시며, 포로 된 자리에서 회복시켜 주십니다. 반면 율법을 지키지 않고 죄를 지으면 나라에 환난이 찾아오고 적들에게 패배하는 것을 보게 됩니다. 그래서 열왕기서에는 역대 왕들을 간략하게 평가하면서 "주님 보시기에 악을 행하여……" 또는 "주님 보시기에 정직히 행하여……"라는 말을 하고 있습니다. 또한 열왕기서에서는 남유다와 북이스라엘 왕국의 역사를 다 기록하고 있습니다.

그런데 역대기에서는 북이스라엘 왕들의 역사를 기록하지 않고 있습니다. 그 이유는 이스라엘의 역사를 예루살렘 성전 중심으로 말하고 있기 때문입니다. 하나님께서는 예루살렘 성전에서 예배드리는 자들과 함께하신다는 것입니다.

따라서 예루살렘 성전을 짓겠다고 나선 다윗과 성전을 지은 솔로몬에 대해서 강조할 뿐만 아니라 많이 기록하고 있습니다. 이처럼 역대기 저자에게는 '예루살렘 성전'이 중요했습니다. 그래서 이처럼 중요하게 여긴 성전이 가지고 있는 의미를 살펴보려고 합니다.

첫째, 성전의 의미

■ 성전에 대해서 유대인들은 기본적으로 '하나님의 집'으로 이해하고 있습니다. 성전에는 성소와 지성소가 있는데, 지성소에는 하나님의 임재를 상징하는 법궤가 있습니다. 그러니 성전을 하나님이 계시는 곳이라고 이해합니다.

■ 이스라엘 백성들이 출애굽해서 광야에서 장막을 만들었습니다. 이 장막을 회막이라고 불렀습니다.

① 그 이유는 하나님께서 그의 백성을 장막에서 만나 주셨기 때문입니다. 출애굽기 29장 42~43절에 보면 "이는 너희가 대대로 여호와 앞 회막문에서 늘 드릴 번제라 내가 거기서 너희와 만나고 네게 말하리라 내가 거기서 이스라엘 자손을 만나리니 내 영광으로 말미암아 회막이 거룩하게 될지라"고 했습니다.

② 장막은 하나님께서 그분의 백성을 만나고 함께 거하시고자 하는 사랑의 표현인 것입니다.

③ 백성들은 장막에서 제사를 드림으로 하나님과 교제할 수 있었습니다.

④ 이러한 장막을 구약성서에서는 '성막'(dwelling place), '성소'(sanctuary), '회막'(Tent of Meeting), 또는 '증거막'(the Tabernacle of Testimony)이라고 불렀습니다.

⑤ 성막은 거룩한 곳입니다. 레위기 11장 44~45절 "나는 여호와 너희 하나님이라 내가 거룩하니 너희도 몸을 구별하여 거룩하게 하고……"라는 말씀과 같습니다.

■ 지상에 있는 장막은 하늘에 있는 것의 모형입니다. 그래서 히브리서 8장 2절에 보면 하늘에 있는 장막을 '참 장막'이라고 불렀습니다. 따라서 모세가 장막을 지으려고 할 때 자기 마음대로 지은 것이 아니라 히브리서 8장 5절에 보면 하나님께서 보여 주시고 지시하신 대로 지은 것을 알 수 있습니다. 따라서 모세가 지은 장막은 하늘에 있는 것을 모방(copy)해서 지은 것입니다.

■ 광야에서 지은 성막은 이동하는 성소였습니다. 따라서 성막

이 움직일 때 이스라엘 백성은 움직였고, 성막이 머무를 때는 이스라엘 백성도 움직이지 아니했습니다(출 40:36~37).

둘째, 성소의 단일화

■ 다윗이 40년 이스라엘 왕으로 통치하면서 이룬 치적을 말하자면

① 블레셋을 무찔렀습니다.

② 통일 이스라엘을 이루어내고 이스라엘의 수도를 헤브론에서 예루살렘으로 옮겼습니다.

③ 성소의 단일화입니다. 기럇여아림에 있는 아비나답의 집에서 20년 동안 있었던 법궤가 사무엘하 6장에서 드디어 예루살렘으로 들어오게 되었습니다. 그래서 예루살렘이 하나님께 예배드리는 장소가 되었던 것입니다.

■ 모세는 신명기에서 '성소의 단일화' 에 대해서 말씀했습니다. 즉 가나안에 들어가거든 아무데서나 예배드리지 말고 '하나님이 택하신 곳' 에서 드려야 한다는 것입니다.

① "오직 너희 하나님 여호와께서 자기 이름을 두시려고 너희 모든 지파 중에서 택하신 곳인 그 계실 곳으로 찾아 나아가서"(신 12:5).

② "너희는 너희 하나님 여호와께서 자기 이름을 두시려고 택하실 그곳으로 내가 명하는 것을 모두 가지고 갈지니"(신 12:11).

③ "오직 네 하나님 여호와께서 택하실 곳에서 네 하나님 여호와 앞에서 너는 네 자녀와……네 하나님 여호와 앞에서 즐거워하되"(신 12:18).

④ "내가 또 내 백성 이스라엘을 위하여 한 곳을 정하여 그를 심고 그를 거주하게 하고 다시 옮기지 않게 하며 악한 종류로 전과 같이 저희를 해하지 못하게 하여"(삼하 7:10)라고 했습니다.

■ 왜 이렇게 하나님께서는 '성소의 단일화'를 말씀하셨을까요?

① 이방종교의 제사와 다른 장소, 지정된 장소에서 예배를 드려야 한다는 것입니다. 즉, 구별된 장소입니다.

② 만약 아무 곳에서나 예배를 드린다면 우상숭배의 제사와 혼합될 수 있기 때문입니다. 그 우상숭배의 오염을 방지해야 합니다. 하나님은 십계명 중 제1, 2계명에서도 우상숭배와 혼합되는 것을 싫어하셨고 더 나아가서 진노하십니다.

③ 성소 단일화에 대한 명령은 유일하신 하나님께 드리는 예배의 경건과 영광과 일치를 가져오기 때문입니다.

셋째, 신약에서의 성전

■ 예수 그리스도께서 성전이십니다. 예수 그리스도에 의해서 세워진 성전은 시온 산 위에 건축한 성전이 아니라 무덤으로부터 부활하신 예수 그리스도 자신입니다. 죽음과 부활을 통해 예수 그

리스도는 성전의 머릿돌이 되셨습니다.

■ 예수 그리스도를 볼 때 성전의 핵심 내용인 하나님의 임재를 보게 됩니다. "말씀이 육신이 되어 우리 가운데 거하시매 우리가 그 영광을 보니 아버지의 독생자의 영광이요 은혜와 진리가 충만하더라"(요 1:14).

■ 요한복음 1장 29절에 보면 예수님을 '하나님의 어린 양' 이라고 했습니다. 이는 구약에서 동물들이 희생 제물로 바쳐진 것처럼 예수 그리스도께서 인류의 죄를 대신 지시고 십자가에서 희생 제사의 제물이 되실 것을 말씀하고 있습니다.

■ 따라서 우리가 예배할 곳은 어디입니까? 요한복음 4장에서 말씀하듯 예수 그리스도가 참 성전이시기에 바로 예수 그리스도 안에서 예배드려야 하는 것입니다.

■ 예수 그리스도께서 지으신 성전은 돌이 아닌, 그리스도와 함께 죽고 살아난 성도들로 함께 지었습니다. 그래서 성전인 예수 그리스도의 영이 우리에게 임할 때 우리도 성전이 되는 것입니다(고전 3:16, 6:19).

■ 또한 오늘의 교회가 성전인 것입니다.

① 사도 바울은 성전을 성도들의 공동체로 말하고 있습니다(고전 3:16~17; 엡 2:19~22).

② 교회는 그리스도의 몸이라고 했습니다(엡 1:23; 골 1:24).

③ 그리고 그리스도는 그 교회의 머리가 되십니다(엡 1:22).

④ 그리스도 안에서 그분과 한 몸을 이룬 성도가 바로 교회요, 성전이 되는 것입니다.

■ 하늘의 성전

① 하나님이 인간들과 함께 거하신다는 의미에서 최초의 성전은 에덴 동산이라고 할 수 있습니다.

② 죄로 말미암아 에덴 동산에서 쫓겨난 인간에게 하나님께서 예배드릴 수 있는 곳을 만들어 주셨습니다. 그것이 광야의 성막이고, 예루살렘의 성전이고, 오늘의 교회입니다.

③ 마지막 성전으로 하늘의 성전을 말하고 있습니다. 요한계시록 21장 1~3절에서 "또 내가 새 하늘과 새 땅을 보니…… 보라 하나님의 장막이 사람들과 함께 있으매 하나님이 그들과 함께 거하시리니 그들은 하나님의 백성이 되고 하나님은 친히 그들과 함께 계셔서" 라고 했습니다.

결론 성전은 하나님을 만나는 장소요, 하나님께 예배드리는 장소입니다. 오늘날 성전은 예수 그리스도가 머리 되시고 성도들이 몸인 교회입니다. 따라서 교회에서 우리는 그리스도 안에서 살아 계신 하나님께 예배드리는 것입니다. 솔로몬 왕이 이러한 성전을 짓고 사랑할 때 하나님께 복받고, 존귀하고 영화로운 왕이 되었습니다. 성도 여러분, 하나님을 만나는 교회를 사랑하시고, 예배를 통해서 예수 그리스도와 하나 되는 체험을 하시고, 나 자신을 산 제물로 드려서 하나님께 영광을 돌리시기 바랍니다. 하나님께서는 성전에서 신령과 진정으로 예배드리는 자를 만나 주시고, 복 주십니다. 이러한 살아 있는 예배를 드리시는 성도님들이 되시기를 바랍니다.

성전 봉헌

열왕기상 8:1~66

솔로몬 왕에 대해서는 구약성경 열왕기상 1장 1절에서 11장 49절까지와 역대상 28장 1절로부터 역대하 9장 28절까지 기록되어 나오고 있습니다. 이러한 솔로몬이 이스라엘 왕으로 있던 기간은 BC 961년부터 BC 922년으로, 약 40년 동안 통치한 것으로 보고 있습니다.

솔로몬 왕 40년 재위 기간 중에 가장 중요한 사건이 무엇이냐고 묻는다면 성전 건축과 봉헌이라고 할 수 있습니다. 그래서 성전 봉헌이 나오는 8장을 중심으로 해서 3~5장에서는 성전 건축을 위해 준비된 재료들에 대해서 나오고, 6장은 성전 건축과 7장은 성전의 부대 시설물에 대해서 나옵니다. 또한 9, 10장 역시 성전에 대해서 말씀하고 있습니다.

이처럼 중요한 것이 성전 건축이고, 또한 성전 봉헌입니다. 그래서 열왕기상 8장을 통해서 성전 봉헌이 어떻게 이루어졌나를 생각해 보겠습니다.

첫째, 성전 봉헌식(1~21절)

■ 1절에서 성전 봉헌식을 위해서 이스라엘의 지도자들이 예루살렘으로 모여든 것을 볼 수 있습니다. 즉 성전 봉헌식은 이스라엘 모든 회중이 참여한 '공동체적인 행사' 임을 보여 주고 있습니다.

■ 2절에서 "에다님 월 곧 일곱째 달 절기에 솔로몬 왕에게 모이고" 라고 했습니다.

① 에다님 월은 일곱째 달의 절기였습니다. 즉 초막절을 지키려고 백성이 모여든 것입니다.

② 신명기 31장 9~13절에 보면 "매 칠 년 끝 해 곧 면제년의 초막절에" 계약 갱신을 하라고 했습니다. 그래서 성전 봉헌식도 이미 성전은 완공되었지만 여러 달을 기다려서 초막절에 거행한 것을 볼 수 있습니다.

■ 3~6절에 보면 언약궤를 메어 새로 지은 성전 안으로 옮기는데 있어서 수고한 사람들이 나옵니다. 1절에는 정치 지도자, 3절에는 장로들, 또한 3, 6절에는 제사장 그리고 4절에는 제사장과 레위인들이 나옵니다. 즉 모든 지파의 지도자들과 회중들이 모였음을 보여 주고 있습니다.

■ 4~6절에서는 제사장들의 전통을 이야기합니다. 과거 광야에서 제사장들이 언약궤와 그릇들을 메고 올라갔음을 보여 주고 있

습니다. 7절에서는 그룹들에 대해서 말하고 있습니다. 이것 역시 출애굽기 25장 20~22절을 회고하고 있습니다. 또한 10~11절에서는 성전 안에 거하시는 하나님의 영광에 대해서 말씀하고 있습니다. 이것은 출애굽기 40장 34~35절에 나옵니다.

■ 9절에는 "그 궤 안에는 두 돌판 외에 아무것도 없으니"라고 했습니다. 그러나 출애굽기 16장 33절, 민수기 17장 10절에 보면 언약궤 안에는 두 돌판과 아론의 싹 난 지팡이와 만나를 담은 금항아리가 있었습니다. 그런데 두 가지가 사라졌습니다. 성서학자들은 사무엘상 4장에서 블레셋에게 법궤를 빼앗겼을 때 잃어버렸을 수도 있다고 생각하고 있습니다.

■ 12~13절에서 솔로몬의 기도가 나오는데, 거기서 하나님께서 캄캄한 데 계시겠다고 말씀하셨다고 합니다. 여기에서 중요한 내용이 언급되는 것입니다.

① 하나님께서 밝은 태양을 창조하셨습니다.

② 그런데 하나님은 대조적으로 성전 지성소 안의 캄캄한 곳에 거하시겠다고 약속하셨습니다. 이것은 신비스럽게 둘러싸는 구름을 의미합니다(신 4:11, 5:22).

③ 여기서 하나님은 초월적인 분이시고, 또한 하나님은 율법 속에 계시고, 또한 하나님은 숨이 계심을 말씀하고 있습니다.

④ 즉 솔로몬은 13절에서 하나님께서는 성전에 계시다는 것을 강조하고 있습니다.

■ 14~15절에서 솔로몬은 회중들에게 신명기 신학의 핵심을 말하고 있습니다. 이는 15절에서 "여호와께서 그 입으로 내 아버

지 다윗에게 말씀하신 것을 이제 그의 손으로 이루셨도다"라는 것입니다.

① 솔로몬에게 하나님은 어떤 분이십니까? 약속을 하시고, 그 약속을 성취하신 분입니다.

② 그리고 성전은 자기가 지은 것이 아니라 하나님이 지으신 것이라는 말입니다.

▪ 16~19절에서 솔로몬은 사무엘하 7장을 언급하고 있습니다.

① 하나님께서 다윗을 선택하시고(삼하 7:8~9)

② 그의 아들 솔로몬을 미래의 성전 건축가로 임명하셨다는 것을(삼하 7:13) 말하고 있습니다.

▪ 20~21절에서 솔로몬은 하나님이 말씀하신 대로 자신이 왕위에 올랐고, 그리고 자신은 성전 건축의 임무를 완수했다는 것입니다. 그리고 하나님은 초월적인 하나님이시고, 하나님은 성전 안에 갇혀 계신 분이 아니라는 것입니다. 그러나 성전에 자기 이름(하나님의 이름)을 두셨습니다.

둘째, 솔로몬의 성전 봉헌 기도(22~53절)

▪ 23~26절에서 솔로몬은 다윗 왕조를 위한 기도를 하나님께 드립니다.

① 하나님은 언약을 지키시고, 은혜를 베푸시는 하나님이시라고 기도드립니다(23절).

② 또 하나님의 약속대로 오늘날 성전을 짓게 되었다고 고백

합니다.

③ 그러니 25~26절에서 다윗 왕에게 약속하신 것, 즉 네 자손 중 이스라엘 왕위에 오를 사람이 끊어지지 않으리라는 약속을 확실하게 이루게 해달라고 했습니다.

④ 그리고 이 약속은 솔로몬이 하나님 앞에서 올바르게 섬기는 것에 달려 있음도 기도하고 있습니다(25절).

■ 27~30절은 31~51절에 나오는 솔로몬의 일곱 가지 청원 기도의 서론에 해당되는 부분입니다.

① 28절에서 "오늘날 주의 앞에서 부르짖음과 비는 기도를 들으시옵소서"라고 기도합니다. 즉, "앞으로 드릴 일곱 가지 청원을 들으시옵소서"라는 기도입니다. 여기서 '들으시옵소서!'는 마치 찬송가의 후렴처럼 청원 기도할 때마다 나옵니다(32, 34, 36, 43, 45, 49, 52절).

② 하나님의 내재성과 초월성에 대해 말하고 있습니다. 27절은 하나님의 초월성입니다. "하나님이 참으로 땅에 거하시리이까 하늘과 하늘들의 하늘이라도 주를 용납지 못하겠거든"입니다.

③ 그러나 29~30절에서 "주께서 전에 말씀하시기를 내 이름이 거기 있으리라 하신 곳 이 성전을 향하여 주의 눈이 주야로 보시오며 주의 종이 이곳을 향하여 비는 기도를 들으시옵소서" 하였으니 하나님의 내재성, 즉 성전에 계신 하나님을 표현하고 있습니다.

■ 31~51절에서는 일곱 가지 청원이 나옵니다.

① 31~32절에서는 재판 법정에서의 맹세를 배경으로 하고 있습니다(출 22:7~12; 민 5:11~31). 의로운 자가 억울한 것을 두고 기도할 때, "하나님! 기도 들어주셔서 그 억울한 것 풀어주소서"라고 기도합니다.

② 33~34절에서는 전쟁에서 패배했을 때에 드리는 청원 기도입니다(신 28:25; 왕하 19:14~19에 나오는 히스기야의 행동).

③ 35~36절에서는 가뭄의 위기에서 드리는 청원 기도입니다(신 28:23~24; 왕상 18장의 엘리야).

④ 37~40절에서는 일반적인 위기 상황에서 드리는 기도입니다.

⑤ 41~43절에서는 외국인 입장에서 드리는 기도입니다(왕하 5장의 나아만).

⑥ 44~45절에서는 하나님의 지도 아래 치러지는 전쟁, 즉 거룩한 전쟁에 대해서 드리는 기도입니다(왕상 20, 22장; 왕하 3장).

⑦ 46~51절에서는 포로로 추방되었을 때 드리는 청원 기도입니다(신 28:36~37). 이 기도는 다른 청원 기도들보다 배나 더 깁니다. 특히 포로 생활에서 죄를 깨닫고 돌이켜 회개하고(shub), 고향을 바라보며 기도할 때 "하나님이여 그 기도를 들어주소서"라는 내용입니다. 즉 51절에서 "그들은 주께서 철풀무 같은 애굽에서 인도하여 내신 주의 백성"이라고 기도했던 것입니다.

■ 52~53절은 일곱 가지 청원 단락 뒤에 "주의 눈을 들어 보옵시며 종이 이곳을 향하여 비는 기도를 들으시옵소서"라고 간구하고 있습니다. 즉 하나님께서 기도를 들으시고 응답해 달라는 솔로

몬 왕의 간절한 간구인 것입니다.

셋째, 기도 후에 새로운 결단 촉구(54~66절)

■ 54절은 솔로몬이 기도가 끝난 후에 무릎을 꿇은 자세를 풀고 일어섭니다. 22절에 보면 처음에 솔로몬이 기도할 때 서서 시작했습니다. 그러나 그가 기도가 깊어질수록 무릎을 꿇고 기도한 것을 볼 수 있습니다. 이렇게 무릎을 꿇는 자세는 일종의 하나님 앞에 순복하는 행위입니다(왕상 19:18; 왕하 1:13; 사 45:23).

■ 55~56절에서 솔로몬은 하나님께서 베푸신 은혜의 역사를 인하여 하나님을 찬양하고 있습니다. 그러면서 백성들에게 축복의 강론을 시작합니다.

■ 57~61절에서 솔로몬은 두 가지 기도문과 훈계로 이스라엘 백성들에게 강론합니다.

① 57~58절에서 솔로몬은 이스라엘 백성이 하나님의 율법을 잘 지킬 수 있도록 하나님께서 계속 임재하시기를 간구하고 있습니다.

② 59~60절에서 솔로몬의 기도가 늘 하나님께 아뢰지게 해 달라고 기도하고 있습니다. 늘 영적으로 깨어 있는 삶을 살게 해달라고 합니다. 그리고 오직 하나님만이 유일하신 하나님이신 것을 알게 해달라고 기도한 것입니다.

③ 61절에서 나뉘어진 마음이 아니라 하나 된 마음으로 율법을 지켜야 함을 이스라엘 백성에게 훈계하고 있습니다.

■ 62~66절에는 하나님께 제사드리며 성전 낙성식을 거행하였습니다.

결론

성전 안에서, 그리고 성전을 향하여 드리는 기도를 하나님께서 들어주시고 응답해 주심을 알 수 있습니다. 그리고 하나님은 약속하신 것을 성취하시는 하나님이심을 또한 알 수 있습니다. 그리고 이방인들도 하나님께 기도드릴 때 그 기도를 응답하신다는 것입니다.

그럼에도 우리가 잘못했을 때 회개하면 하나님은 용서해 주시고 우리의 기도를 들어주십니다. 하나님은 초월자이시며, 또한 우리와 함께하시는(내재) 하나님이십니다. 그러니 중요한 것은 이러한 하나님께 기도하는 것입니다. 하나님께 진실된 기도를 하느냐 하는 것은 그가 믿음이 있느냐 하는 것을 보여주는 것입니다(마 7:7~11; 눅 18:1~8).

성도 여러분! 하나님은 언제나 우리와 함께하셔서 우리의 기도를 들으시는 분이십니다. 우리는 하나님께 진실한 기도를 드려야 합니다. 죄를 깨닫고 돌아서서 회개할 때 용서받고 또한 회복의 복을 받습니다. 우리의 기도를 들어주시는 하나님께 깨어서 쉬지 말고 기도하는 성도님들이 되시기를 바랍니다.

하나님의 약속과 경고

열왕기상 9:1~28

열왕기상 8장에서 솔로몬은 성전 봉헌을 마치고 백성을 대표해서 하나님께 기도를 드렸습니다. 기도를 시작하기 전 이미 여호와의 영광이 온 성전에 가득했습니다. 이 말은 하나님께서 성전 봉헌을 받으셨다는 것이고, 기뻐하셨다는 것을 말합니다.

열왕기상 8장의 내용과 병행되는 역대하 7장 1~3절에 보면, 솔로몬이 봉헌 기도를 드린 직후에 하늘에서 불이 내려와 희생제물을 태웠고, 성전에는 하나님의 임재를 상징하는 구름이 가득했다고 되어 있습니다. 이는 하나님께서 성전 봉헌을 기쁘게 받으셨다는 것을 뜻합니다.

사람이 하나님께 받은 축복 중에 큰 것은 하나님과 만날 수 있다는 것입니다. 사무엘상 28장 6절에 보면 “사울이 여호와께 묻자오되 여호와께서 꿈으로도, 우림으로도, 선지자로도 그에게 대답지 아니하시므로……"라고 했습니다. 즉 하나님께서 하나님을 경홀히 여기는 사울 왕을 만나 주지 않으셨습니다. 그러니 사울 왕은 마귀에게 조종당하는 삶을 살게 된 것입니다.

반면 민수기 12장 6~8절에 보면 '하나님께서는 모세와 대면하여 명백히 말하고 은밀한 말로 아니하였다' 고 했습니다. 이처럼 하나님은 모세를 만나 주셨던 것입니다. 그래서 솔로몬이 지은 성전에서 하나님께서 이스라엘 백성을 만나 주신다는 것은 그들에게 있어서 큰 축복입니다. 열왕기상 9장에서는 약속대로 하나님께서 성전에 임하셔서 하나님께 기도드린 솔로몬에게 응답하시는 것을 볼 수 있습니다. 그리고 응답의 내용은 하나님의 약속인 동시에 하나님의 경고입니다.

첫째, 하나님의 약속(1~5절)

▪ 1절에서 솔로몬이 성전과 왕궁을 다 완공한 것을 말하고 있습니다.

① 성전은 주전 957~950년까지 7년 동안(왕상 6:1, 38) 지어졌고,

② 왕궁은 약 13년에 걸쳐서 지었습니다(왕상 7:1).

③ 그래서 성전과 왕궁을 건축하는 데 20년이 걸렸습니다(대하 8:1).

▪ 2절에서 이렇게 솔로몬이 성전을 완공하고 헌당예배를 드릴 때 열왕기상 3장 4~15절에서 하나님께서 천 번 제사 후에 솔로몬에게 나타나신 것처럼 나타나신 것입니다.

■ 3절에서 하나님은 "네 기도와 네가 내 앞에서 간구한 바를 내가 들었은즉……"이라는 말씀으로 하나님께서 기도에 응답하심을 나타낼 때 쓰이는 전형적인 형식을 보여 주고 있습니다(왕하 19:20, 20:5). 이러한 하나님의 기도 응답의 내용은

① 이미 열왕기상 8장 10~11절에서 말씀하셨듯이 "이 전을 거룩하게 구별하여 나의 이름을 영영히 그곳에 두며 나의 눈과 나의 마음이 항상 거기 있으리니"라는 약속입니다.

② 신명기 12장 5~6, 11절에서 하나님은 가나안 땅에 들어가면 하나님께서 정한 그곳에 하나님의 이름을 두시겠다고 약속하셨습니다. 바로 그 약속의 성취입니다.

③ 하나님의 이름을 두신다는 것은 하나님께서는 인간이 지은 건물에 매여 있는 분이 아니시라는 것도 의미합니다.

■ 4~5절에서는 하나님께서 솔로몬에게 조건적인 약속을 하십니다. "(If)네가 만일 네 아비 다윗의 행함같이 마음을 온전히 하고 바르게 하여……내 법도와 율례를 지키면"(4절), "(then)내가 네 아버지 다윗에게 말하기를 이스라엘 왕 위에 오를 사람이 네게서 끊어지지 아니하리라 한 대로 네 이스라엘의 왕위를 영원히 견고하게 하려니와"(5절)라고 했습니다. 여기서 다시 한 번 하나님은 왕이 마땅히 취해야 할 행동이 무엇인지 규정하고 계십니다. 따라서 왕은 하나님이 세우신 모범적인 왕의 길을 걸어가야 합니다.

둘째, 하나님의 경고(6~9절)

■ 6절을 보면 하나님은 1~5절에서 말씀하신 긍정적 조건과는 반대로 부정적 조건에 대해서 말씀하고 계십니다. "(만일) 너희나 너희 자손이 아주 돌아서서 나를 따르지 아니하며……" 입니다.

① 여기서 1~5절에서는 솔로몬을 향해서 2인칭 단수인 '네가' 를 쓰고 있는 데 반해서 6~9절에서는 '너희나 너희 자손이' 라는 2인칭 복수를 사용하고 있습니다.

② 이 말은 솔로몬 이후에 이어서 왕이 될 모든 이들을 말하는 것입니다.

③ 따라서 이 말은 열왕기에 등장할 모든 왕들을 말하는 것이고, 여기서 우리의 시각을 열왕기 전체로 넓히는 것입니다.

■ 7절에서는 하나님을 좇지 않고, 율법에 순종치 않고 우상을 섬길 것 같으면

① "내가 이스라엘을 내가 그들에게 준 땅에서 끊어 버릴 것이요." 이 말은 포로가 되어서 고국을 떠나게 될 것이라는 의미를 담고 있습니다.

② "내 이름을 위하여 내가 거룩하게 구별한 이 성전이라도 내 앞에서 던져버리니" 이 말은 열왕기상 9장 3절과 대조적인 말로서 하나님은 떠나실 것이고, 성전은 파괴될 것을 가리킵니다.

③ "이스라엘은 모든 민족 가운데 속담거리와 이야기거리가 될 것이며" 는 지나가는 행인들이 이스라엘을 조롱할 것이라는 말입니다.

■ 8~9절 역시 하나님의 심판을 받은 이스라엘에 대해서 지나

가는 자들이 스스로 던진 질문과 대답을 통해서 하나님의 심판이 얼마나 무서운가를 보여 주고 있습니다.

■ 6~9절을 보면 하나님의 심판에 대해서 하나님을 찬양하는 것을 볼 수 있습니다. 즉 하나님이 행하시는 어떤 일도, 그것이 심판이라도, 즉 개인이나 공동체를 징벌하는 일에 있어서 조금도 불의하지 않으시고 공정하다는 것을 말하고 있습니다.

① 여호수아 7장 19절에서 아간이 거룩한 제비뽑기를 통해서 금지된 전리품을 취하고 은닉한 범인으로 지목되었을 때에 여호수아는 "이스라엘의 하나님 여호와께 영광을 돌려…… 네가 행한 일을 내게 알게 하라"고 했습니다.

② 스가랴 9장 15절, 또는 시편 51편 4절을 보면, 하나님 앞에 죄를 자백하는 것도 죄를 벌하시는 하나님께 영광을 돌리는 일입니다.

③ 이 말은 하나님의 심판은 당연한 것이며, 거룩한 것임을 의미합니다.

④ 그리고 심판을 통해서 하나님은 이스라엘을 무관심하게 버려두신 것이 아니라 이스라엘을 위해서 역사하고 계심을 보여 주는 것입니다.

셋째, 솔로몬의 내치(10~28절)

■ 10~14절에서는 열왕기상 5장 1~12절에 나오는 솔로몬과 두로 왕 히람 사이의 무역에 대해서 말하고 있습니다.

① 이는 솔로몬이 두로 왕 히람으로부터 받은 재목(백향목과 잣나무)에 대해서 값을 치르기 위해 영토 중 일부를 팔게 된 일을 말합니다. 11절에서 "갈릴리 땅의 성읍 스무 곳을 히람에게 주었으니"라고 했습니다.

② 그러나 12~13절을 보면 히람은 솔로몬에게 받은 20개 성읍에 대해서 눈에 차지 않아서 가불이라고 했다는 것입니다. '가불'(Cabul)은 '쓸모없는 땅' 또는 '저당잡힌 것'이라는 의미입니다.

③ 14절에서 히람은 솔로몬에게 이 땅에 대해서 금 120달란트를 보냈다고 했습니다.

④ 이렇게 열왕기서는 땅을 히람에게 넘긴 것에 대해서 부정적으로 말하는 것을 알 수 있습니다.

■ 15~25절에서는 열왕기상 5장 13절에서 7장 51절에서 보여준 건축과 백성들의 강제 노동에 대해서 말하고 있습니다.

① 백성들의 강제 노동을 통해서 이스라엘 북쪽에서 남쪽까지 나라를 방어하기 위해서 요새들을 건설했음을 보여주고 있습니다(밀로, 예루살렘 성, 므깃도, 게셀).

② 21절에서는 팔레스틴 땅에 남아 있는 '가나안 족속'이 노예 신분으로 일했다고 말하고 있습니다.

③ 22절에서 이스라엘 사람들 중에 징발된 역군을 다르게 표현합니다.

■ 솔로몬이 건축한 요새들을 살펴보면,

① 하솔(Hazor) — 하솔은 그 뜻 자체가 '요새지'라는 말입니

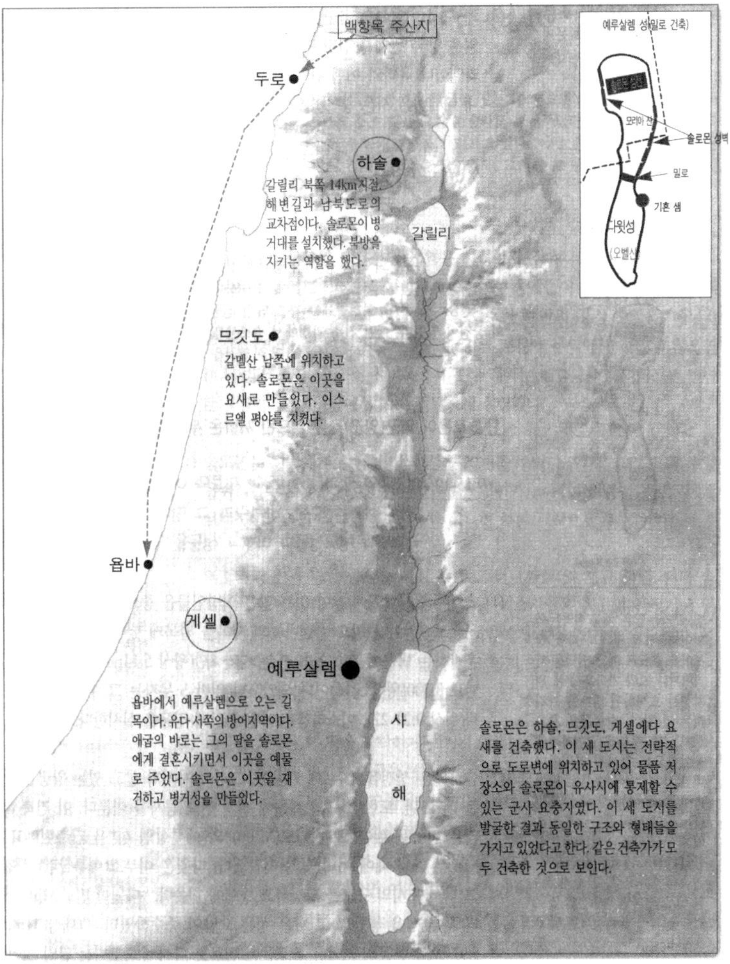

다. 애굽에서 시리아를 거쳐서 메소포타미아로 가는 바닷가 도로에 위치해 있습니다. 따라서 전략적으로 매우 중요한 도시였습니다(수 11:1~5; 삿 4, 5장의 드보라, 야빈).

② 므깃도(Megiddo) — 갈멜 산에서 얼마 멀지 않은 나사렛 남서쪽 16km 지점에 있고, 두 무역로가 교차하는 곳에 있습니다. 솔로몬이 요새화시킨 이곳은 오늘날까지 그 모습이 남아 있습니다. 유다 왕 요시야는 애굽 왕 느고와 싸우다가 이곳에서 전사했습니다(BC 609년).

③ 게셀(Gezer) — 욥바에서 예루살렘 오는 중간 지점에 위치해 있습니다. 이 땅은 애굽에게 점령당했다가 애굽 왕이 자기 딸을 솔로몬과 결혼시키면서 결혼 선물로 이 성을 주었습니다. 솔로몬은 이곳에 병거성을 만들었습니다(왕상 9:15~19).

④ 에시온게벨(Ezion Geber) — 이스라엘 백성이 광야생활 중 마지막으로 진을 쳤던 곳입니다(민 33:35; 신 2:8). 아카바 만에 있는 항구로 솔로몬은 이곳을 통해 금, 은, 상아 등을 수입했습니다(왕상 9:26).

⑤ 하맛(Hamath) — 솔로몬이 오론테 강가에 있는 하맛 소바를 함락 재건했습니다. 현재 시리아에 있는 지역입니다.

⑥ 다드몰(Tadmor) — 솔로몬은 다메섹에서 220km 떨어진 광야에 있는 다드몰이라는 성읍까지 솔로몬은 요새화시켰다고 했습니다(왕상 9:18; 대하 8:4).

⑦ 솔로몬은 이처럼 성전 건축 말고도 왕궁 건축, 많은 성, 요새들을 건축하기 위해서 이스라엘 백성들을 강제로 동원해서 일을 시켰고, 세금을 많이 거두어들였습니다. 그 결과 솔로몬은 앞서 언급한 그 땅을 팔 수밖에 없었고, 백성의 삶은 고역과 세금으로 고달파질 수밖에 없었습니다. 그리고 이방

여인들과 결혼한 솔로몬은 점차 내리막길로 내려가게 되었습니다.

결론

하나님께서는 솔로몬이 하나님의 말씀과 율법을 따라 살게 되면 언제나 성전에 그 이름을 두실 것이고, 자손 대대로 왕위에 오를 것이고, 그리고 왕위가 견고할 것이라고 했습니다. 그러나 하나님의 말씀에 불순종하여 계명을 지키지 않고 우상을 숭배하면 하나님은 이스라엘을 가나안 땅에서 쫓아내실 뿐 아니라 성전까지도 던져 버리시겠다고 했습니다. 그래서 중요한 것은 오늘 우리가 하나님의 말씀에 순종하고, 그 계명을 온전히 지키고, 오직 하나님 한 분만을 섬기는 데에 있습니다.

성도 여러분, 하나님만을 의지하고 그 계명을 지킬 때 우리의 예배는 살아 있는 예배, 즉 하나님을 만나는 예배가 되는 것입니다. 그리고 우리 자신이 복받고 자녀들이 존귀하게 되는 것입니다. 그러니 성도 여러분, 언제나 마음에 예수님을 모시고 사시기를 바랍니다. 그리고 하나님을 사랑하는 자는 그 계명을 지킨다고 했으니 계명을 지키십시오. 그래서 먼저 우리 자신이 하나님의 복을 받으시고 자손들도 대를 이어가며 존귀하게 되는 복을 받으시기를 바랍니다.

솔로몬의 외교

열왕기상 10:1~29

고대 중국은 만리장성을 쌓고 그 안에 안주했지만 로마는 길을 닦아서 세계를 제패했습니다. 이처럼 오늘날 싱가포르, 상하이, 홍콩 같은 도시가 세계적인 도시가 된 것은 물류와 자본, 그리고 사람이 많이 오가는 허브 도시가 되었기 때문입니다. 그래서 두바이의 지도자 세이크 모하메드도 두바이를 중동의 허브 도시로 만들고 있습니다. 실제로 두바이는 오늘날 공항과 항만을 통해 아프리카와 유럽과 아시아를 잇는 초대형 물류 유통 기지가 되었습니다.

이처럼 솔로몬도 상업 항구 엘랏 근처 에시온게벨에서 배를 지어 홍해와 아카바 만을 거쳐 오빌(아라비아 서남단으로 추정)까지 이르는 해상 무역로를 관장하여 교역했습니다. 솔로몬이 국제무역의 중요성을 인식하고 추진했기 때문에 솔로몬 시대에는 무역을 통해서 막대한 부를 축적할 수 있었습니다. 그래서 열왕기상 10장에서는 솔로몬의 외교 관계를 살펴보려고 합니다.

첫째, 스바 여왕의 방문(1~13절)

■ 1절에 보면 스바 여왕이 솔로몬을 방문했습니다.

① 성서학자들은 스바(Sheba)를 아라비아 남서쪽, 오늘날의 예멘(Emen)이라고 말합니다. 또한 스바가 에티오피아라고 추정하는 분들도 있습니다.

② 스바 사람들은 주로 무역을 하는 사람들이었고, 황금, 보석, 향료, 유향 등을 인도, 아프리카, 베니게 등으로 교역하면서 막대한 이익을 얻었습니다.

③ 이러한 스바 나라의 여왕이 그 당시 소문이 파다하게 퍼진 솔로몬 왕의 지혜를 듣고 싶어서 방문했습니다.

④ 그리고 그 지혜가 사실인가를 알기 위해서 "어려운 문제"(1절)로 솔로몬을 시험하였다고 했습니다(다니엘 1장에 보면 느브갓네살의 환관장이 다니엘과 그의 세 친구들에게 열흘 동안 채식을 시킨 후에 그들의 외모를 시험하였다고 했습니다).

■ 2절에서는 스바 여왕이 빈손으로 이스라엘을 방문한 것이 아니라

① 수행원이 많았고,

② 향품과 많은 금과 보석을 약대에 실어서 왔다고 했습니다(10절에 금 120달란트).

③ 스바 여왕은 솔로몬에게 나아와 자기 마음에 있는 것을 다

말했다고 했습니다.

■ 3절에서는 이러한 스바 여왕의 질문에 대해서 솔로몬은 빠짐없이 다 대답해 주었다고 했습니다.

■ 4~7절에서는 솔로몬이 스바 여왕을 대동하고 성전을 비롯해서 왕궁 구석구석을 다 보여 주었습니다. 이렇게 솔로몬이 지은 건물들을 보면서 스바 여왕은

① 정신이 없었다고 했고(넋이 나갈 정도),

② 솔로몬에 대한 지혜와 소문이 진실하다고 했습니다.

③ 또한 스바 여왕은 직접 와서 보니 자신이 기대했던 것보다 훨씬 뛰어나다고 했습니다.

■ 8~9절에서는 스바 여왕이

① 솔로몬 왕과 함께 일하는 신하들이 복되다고 했고,

② 하나님께서 솔로몬을 기뻐하셔서 이스라엘 왕좌에 앉히셨다고 했고,

③ 하나님은 이스라엘을 영영히 사랑하신다고 했고,

④ 그래서 하나님은 솔로몬을 세워 공의를 행하게 하셨다고 했습니다.

■ 10절에서는 스바 여왕이 솔로몬에게 드린 선물이 다시 오지 않을 정도로 많다고 했습니다. 그런데 그 이유가 무엇일까요?

스바도 교역을 통해 이익을 얻는 나라고, 솔로몬과 히람(두로 왕)도 상호조약을 맺고 무역을 했습니다. 그러다 보니 자칫 잘못하면 솔로몬의 상선과 스바의 상선이 부딪칠 염려가 있었습니다. 그것을 금번 방문을 통해서 평화적으로 해결하려고 한 것입니다.

■ 11~13절에서 오빌(동아프리카)에서 금, 백단목과 보석을 실어 왔습니다. 그리고 솔로몬은 그 백단목으로 성전과 왕궁과 수금과 비파를 만드는 데 사용했습니다. 또한 얼마나 많이 들여왔는지 오늘까지도 그만한 양을 들여오지 못한다고 합니다. 13절에서는 솔로몬이 큰 왕처럼 관대하게, 그리고 명성에 걸맞게 많은 선물을 스바 여왕에게 주었습니다.

둘째, 막대한 부(14~25절)

■ 14~15절에서는 솔로몬이

① 세금으로 666달란트의 금을 거두어들였고,

② 그 외에도 무역을 통해서 많은 금을 들여왔습니다.

■ 16~17절에서는 이 엄청난 금으로 큰 방패(방어 효과가 좋은 직사각형의 방패)를 200개 만들었습니다. 이 방패 한 개당 금이 600세겔이나 들어갔습니다. 1세겔당 11.4g이니까 계산해 보면 600×11.4(g)×200=1,368kg(약 1,400kg)이 사용되었습니다. 또한 작은 방패(가슴만 가리는 휴대용 방패)는 300개를 만들었습니다(3마네는 50세겔이니 약 510kg입니다).

■ 18~22절에서 솔로몬의 영화가 극치에 이른 것을 볼 수 있습니다.

① 왕궁의 모든 물건이 다 금제품이었고,

② 레바논의 별궁(왕상 7:2)에서 쓰는 그릇도 금이었고,

③ 솔로몬 시대에는 은을 귀히 여기지 않을 정도로 금이 많

았습니다.

④ 솔로몬은 다시스의 배들을 통해서 애완동물(잔나비, 공작)을 수입했고, 금과 은과 상아를 수입했습니다.

■ 23~24절에서는 하나님께서 솔로몬이 일천번제를 드릴 때 약속하신 대로 지혜를 주셔서 천하 열왕보다 컸다고 했습니다. 그래서 천하가 다 하나님께서 솔로몬에게 주신 지혜를 들으려고 왔다고 했습니다.

■ 25절에서 천하에서 많은 사람들이 솔로몬을 방문할 때 각기 예물을 가지고 왔음을 말하고 있습니다.

■ 그런데 여기서 생각할 것은

① 솔로몬은 많은 재물을 쌓아 그것을 풀어서 가난한 자들에게 나누어 주었다는 말은 없습니다. 또한 계속해서 백성들에게 많은 세금을 거두어들였습니다.

② 신명기 17장 17절에 왕 된 자는 "아내를 많이 두어서 그 마음이 미혹되게 말 것이며 은금을 자기를 위하여 많이 쌓지 말 것이니라" 고 했습니다. 왕은 백성들에게 복을 나누어 주는 통로가 되어야 한다는 말입니다.

③ 솔로몬의 세금 정책과 백성들의 노동이 훗날 르호보암 왕 때 원망과 고통으로 폭발하게 됩니다. "부하려 하는 자들은 시험과 올무와 여러 가지 어리석고 해로운 욕심에 떨어지나니 곧 사람으로 파멸과 멸망에 빠지게 하는 것이라"(딤전 6:9) 고 하였습니다.

셋째, 막강한 군사력(26~29절)

■ 26절에서 솔로몬의 군사력이 드러납니다.

① 솔로몬의 병거가 1,400이었고, 마병이 12,000이었습니다.

② 이렇게 엄청난 군사력을 지닌 것은 솔로몬이 의도적으로 강한 국방정책을 추구했음을 알 수 있습니다.

■ 27절에서 솔로몬은 은을 돌같이, 백향목을 뽕나무처럼 여길 정도로 그의 부가 넘쳤음을 말하고 있습니다.

■ 28~29절에서 솔로몬이 무기 장사를 한 것을 알 수 있습니다.

① 애굽에서 말 한 마리에 은 150세겔을 주고 사서 헷 족속과 시리아의 왕들에게 되팔아서 막대한 이익을 챙겼습니다.

② 즉 솔로몬은 국방과 장사라는 두 마리의 토끼를 한꺼번에 잡는 경영을 했습니다.

■ 문제는 이러한 강한 군대를 하나님께서 원하셨느냐 하는 것입니다. 신명기 17장 16절에서 "그 왕 된 자는 병마를 많이 두지 말 것이요 병마를 많이 얻으려고 그 백성을 애굽으로 돌아가게 하지 말 것이니 이는 여호와께서 너희에게 이르시기를 너희가 이 후에는 그 길로 다시 돌아가지 말 것이라 하셨음이며"라고 했습니다. 또한 예수님께서 마태복음 26장 52절에서 "칼을 가지는 자는 다 칼로 망하느니라"고 하셨습니다.

결론

모든 성공 속에는 파멸로 이끄는 가시가 숨어 있습니다. 사람의 욕심에는 끝이 없고, 욕심이 과하면 하나님께서 주신 것에 만족하지 못합니다. 그래서 하나님을 떠나 세상에 마음을 빼앗깁니다. 10장에 나오는 솔로몬의 엄청난 부와 강한 군대는 11장에서 솔로몬이 하나님을 떠나 우상을 섬기는 길로 나아가는 것을 암시하고 있습니다.

그래서 우리는 하나님의 복으로 풍성해질 때 더욱더 겸손하여 하나님을 섬겨야 합니다. 그리고 복을 나누어 주는 통로가 되어야 합니다. 또한 스바 여왕이 한 말처럼 "여호와 하나님을 송축하라. 하나님이 당신을 왕위에 올리셨다. 따라서 솔로몬 왕은 하나님을 경외하고 백성에게는 공과 의를 행해야 한다"는 말씀을 마음에 새기고 실천해야 합니다. 그래야만 계속해서 하나님의 축복 속에 살아갈 수가 있는 것입니다.

성도님들은 언제나, 어디서나, 어떤 형편에 있든지 겸손하여 하나님만을 의지하고 경배하는 성도님들이 되시고, 아브라함처럼 하나님께로부터 받은 복과 은혜를 나누어 주는 복의 근원이 되시기를 바랍니다. 이렇게 될 때 하나님께서는 계속해서 성도님들을 복 주시고 귀하게 사용하실 것입니다.

솔로몬의 죄악과 그 결과

열왕기상 11:1~40

솔로몬 왕의 통치 기간은 BC 961~922년, 즉 40년간 이스라엘 왕으로 있었습니다. 우리가 지금까지 살펴본 대로 솔로몬은 왕이 되자마자 일천번제를 통해서 하나님으로부터 지혜를 받았습니다. 그래서 하나님의 지혜로 나라를 잘 다스렸습니다. 또한 아버지 다윗이 부탁했고, 하나님의 뜻인 성전 건축을 BC 957~950년 동안에 이루었습니다.

이처럼 솔로몬 왕의 출발은 하나님을 기쁘게 하고, 오직 하나님만을 섬기는 바른 신앙생활이었습니다. 그러나 그는 집권 후반기에 들어서면서 많은 건물을 짓느라고 백성들에게 무거운 세금을 부과했고, 또한 백성들을 차출하여 많은 일을 시켰습니다. 그러니 자연스럽게 백성들은 솔로몬의 정책에 불만을 가지기 시작했습니다. 또한 많은 부인을 두었습니다. 후궁이 700명이었고, 첩이 300

명이었다고 했습니다.

이러한 솔로몬의 부인들 중에는 많은 이방 여인들이 있었습니다. 솔로몬은 저들에게 자신들의 신을 섬기도록 허락했을 뿐만 아니라 그들의 신들을 위한 산당까지 지어 주었습니다. 그리고 나중에는 솔로몬까지도 우상을 섬기는 자리에 이르렀던 것입니다. 이러한 솔로몬의 범죄에 대해서 하나님께서는 경고를 하셨습니다. 그리고 이러한 경고를 듣고도 솔로몬이 회개치 않을 때 하나님의 심판이 임함을 볼 수 있습니다.

첫째, 솔로몬의 죄악(1~8절)

■ 1절에서 솔로몬이 바로의 딸 외에 이방의 많은 여인을 부인으로 받아들였음을 알 수 있습니다. 그리고 2절에서는 출애굽기 34장 15~16절에서 하나님께서 이스라엘 백성에게 율법을 주실 때 하신 말씀을 언급하고 있습니다. 그것은 "네가 그들의 딸들을(이방인의 딸) 네 아들들의 아내로 삼음으로 그들의 딸들이 그 신들을 음란하게 섬기며 네 아들로 그들의 신들을 음란히 섬기게 할까 함이니라"는 말씀입니다.

여기서 우리가 알아야 할 사실이 있습니다. 그 당시 동맹국들의 왕실 간에 벌어지는 국제결혼이 불가피한 일이 아니냐고 말할 수 있습니다. 그러나 성경은 신명기 7장 3~4절에서 "그들과 혼인하지도 말지니……그가 네 아들을 유혹하여 그로 여호와를 떠나고 다른 신들을 섬기게 하므로 여호와께서 너희에게 진노하사 갑자기 너희를 멸하실 것임이니라"고 하였습니다. 즉 성경은 이방 여인과의 결혼은 '하나님의 율법 위반' 임을 분명히 하였습니다.

■ 3절에서는 솔로몬의 후궁이 700명, 첩이 300명인데 이들이 솔로몬 왕의 마음을 하나님에게서 이방 신에게로 돌이켰다고 말합니다.

■ 4~6절에서 구체적으로 솔로몬의 죄를 열거하고 있습니다.

① 솔로몬이 하나님 말고 다른 신들을 좇았고,

② 아버지 다윗처럼 하나님께 대한 마음이 한결같지 않았다는 것입니다.

③ 그래서 하나님 앞에서 온전한 신앙을 가지지 못했습니다.

④ 그리고 시돈 사람의 여신 아스다롯과 암몬 사람의 가증한 밀곰을 따랐습니다.

■ 7~8절에서는 솔로몬이 이방 종교를 허용한 것과 이방 산당들을 지어 주고, 그리고 더 나아가서 솔로몬 자신이 이방 신들에게 제사한 것을 보여 주고 있습니다. 이러한 일은 아버지 다윗과는 너무도 다른 것입니다. 열왕기상 3장 6절에서 "내 아버지 다윗이 성실과 공의와 정직한 마음으로 주와 함께 주 앞에서 행하므로 주께서 그에게 큰 은혜를 베푸셨고……오늘날과 같이 그의 자리에 앉을 아들을 그에게 주셨나이다"라고 했습니다.

즉 솔로몬이 이스라엘 왕위에 오른 것은 아버지 다윗이 하나님과의 계약을 신실하게 지킨 결과라는 것입니다. 여기서 하나님은 하나님의 백성들이 하나님 아닌 다른 신들을 섬기는 것을 싫어하시는 질투하시는 하나님이심을 알 수 있습니다.

■ 솔로몬이 허용한 이방 신들을 살펴보면

① 모압의 신 그모스(Chemosh) — 그들의 민족신으로 섬겼습니다.

② 암몬의 신 몰렉(Molech), 밀곰(Milcom) — 열왕기하 16장 3절, 17장 17절에 보면 몰렉에게 드리는 제사에 어린아이들이 제물로 드려지기도 했습니다. 훗날 아하스와 므낫세는 그 자녀들을 몰렉에게 제물로 바쳤습니다.

③ 시돈의 여신 아스다롯(Ishtar) — 풍요의 여신, 아스다롯은 아낫(Anath) 여신과 같이 풍요, 전쟁, 그리고 성의 여인이었습니다. 그리고 아스다롯은 아세라의 딸이며, 아낫의 자매요, 바알의 부인으로 나타납니다. 이스라엘은 이 신을 섬길 때 급격하게 타락하게 되었습니다.

둘째, 하나님의 진노(9~25절)

■ 9~10절에서 솔로몬에게 내리신 하나님의 경고를 볼 수 있습니다.

① 솔로몬이 마음을 돌이켜 하나님을 떠나므로 하나님께서 두 번이나 나타나셔서 경고했습니다.

② 하나님은 구체적으로 솔로몬에게 다른 신들을 좇지 말라고 하셨습니다.

③ 그럼에도 불구하고 솔로몬은 여호와의 명령을 지키지 않았습니다.

■ 11~13절에서 하나님의 심판을 볼 수 있습니다.

① 솔로몬이 하나님과 맺은 계약을 지키지 않았다는 것입니다.

② 하나님께서 이 나라를 솔로몬에게서 빼앗아서 솔로몬의 신복에게 주시겠다는 것입니다.

③ 하나님은 다윗과의 언약을 생각해서 솔로몬 때에는 심판을 내리지 않지만 아들 때에는 내리시겠다는 것입니다.

④ 그리고 사무엘하 7장에서 하나님께서 다윗과 약속한 대로 나라를 완전히 빼앗지 아니하고 "예루살렘을 위하여 한 지파를 네 아들에게 주리라"고 하셨습니다.

■ 14~25절에서는 하나님께서는 이스라엘과 유다를 넘어 다른 나라들도 다스리심을 볼 수 있습니다.

① 14~23절에서 하나님은 에돔 사람 하닷을 일으켜서 솔로몬의 대적이 되게 하였습니다.

② 하닷은 다윗이 에돔을 점령하여(삼하 8:13~14), 에돔 사람들 1만 8천 명을 죽일 때 살아남아 애굽으로 도망가게 되었습니다. 그리고 거기서 바로 왕의 사랑을 받아 장성하게 되었고, 그리고 바로의 처제와 결혼해서 바로의 궁에서 잘 지내었습니다.

③ 그는 다윗과 요압 장군이 죽자 하닷은 다시 애굽으로 가서 솔로몬의 대적이 되었습니다.

■ 23~25절에서는 수리아 왕 르손(Rezon)에 대해서 나옵니다. 르손은 원래 소바 왕 하닷에셀의 군대장교였습니다. 그러나 소바

왕국이 다윗에게 진멸될 때(삼하 8:3~12) 그는 남은 자들을 거느리고 다메섹으로 가서 강력한 수리아 왕국을 건설했습니다. 소바는 다윗 왕 당시에 강력한 아람계 국가로서 다메섹 북방에서부터 유브라데 강 북쪽에 이르기까지 유목민을 다스렸습니다.

■ 이처럼 하나님은 이스라엘 외에 모든 나라를 다스리시며 하나님의 공의를 이루시는 것을 볼 수 있습니다.

셋째, 여로보암과 아히야(26~40절)

■ 26절에서 솔로몬 왕에게 이스라엘 내에서 대적하는 여로보암에 대해서 말하고 있습니다. 그는 에브라임 지파의 사람이었습니다.

■ 27~28절에서 어떻게 솔로몬과 여로보암이 만나게 되었나를 설명하고 있습니다. 밀로 성을 건축할 때 솔로몬은 일 잘하는 여로보암을 보게 되었습니다. 그래서 솔로몬은 여로보암에게 에브라임과 므낫세 지파, 즉 요셉 가문의 모든 일꾼들을 감독하는 일을 맡겼습니다.

■ 29~36절에는 어떻게 여로보암이 솔로몬의 대적자가 되었나를 설명하고 있습니다.

① 29절에서 실로 사람 선지자 아히야가 길에서 여로보암을 만났습니다.

② 아히야는 자기가 입고 있던 새 옷을 12조각을 내었습니다.

③ 그리고 여로보암에게 12조각 중 10조각을 주었습니다. 그

러면서 말하기를 하나님께서 솔로몬의 손에서 나라를 찢어서 10지파를 네게 줄 것이고, 나머지 두 지파는 예루살렘을 위해서 솔로몬에게 주실 것이라고 했습니다.

④ 이렇게 나라가 갈라지게 되는 이유는 솔로몬이 하나님을 버리고 우상을 섬겼기 때문이고, 그 아버지 다윗처럼 하나님의 법도와 율례를 지키지 않았기 때문이라는 것입니다.

⑤ 그러나 하나님께서는 다윗이 하나님의 명령과 법도를 지켰으므로 솔로몬 생전에는 나라를 나누지 아니하고 그 아들 때에 나라를 나누어서 10지파를 여로보암에게 주겠다고 하셨습니다.

■ 37~40절에서 하나님은 여로보암에게

① "네가 이스라엘의 왕이 될 것이라"고 말씀하십니다.

② 그리고 하나님은 38절에 조건적인 말씀을 하십니다. 그것은 "네가 만일(If) 내가 명령한 모든 일에 순종하고 내 길로 행하며 내 눈에 합당한 말을 하며 내 종 다윗이 행함 같이 내 율례와 명령을 지키면(then), 내가 너와 함께 있어 내가 다윗을 위하여 세운 것 같이 너를 위하여 견고한 집을 세우고 이스라엘을 네게 주리라"는 말씀입니다.

③ 39절은 그렇게 해서 여로보암이 다윗의 자손을 괴롭게 할 것이라는 말입니다. 그러나 영원히 다윗의 후손들을 괴롭게 하지는 않을 것이라는 것입니다. 이 말씀은 하나님께서 사무엘하 7장에서 다윗과 세우신 언약을 지키시겠다는 것입니다. 사무엘하 7장 14~15절에서 "……그가 만일 죄를 범하면 내

가 사람의 매와 인생의 채찍으로 징계하려니와 내가 네 앞에 서 물러나게 한 사울에게서 내 은총을 빼앗은 것처럼 그에게 서 빼앗지는 아니하리라" 고 하셨습니다.

■ 40절에서 이렇게 선지자 아히야로부터 이스라엘 왕이 될 것이라는 약속을 받은 여로보암은 다윗이 사울에게 핍박받듯이 솔로몬에게서 핍박을 받습니다. 그래서 여로보암은 솔로몬이 죽기까지 애굽에 머무르게 되었습니다.

결론

우리는 솔로몬을 보면서 시작도 중요하지만 끝도 중요하다는 것을 깨닫게 됩니다. 시작이 아무리 좋아도 끝이 나쁘면 실패한 사람입니다. 반대로 시작은 미약했지만 끝이 잘되면 성공한 사람입니다.

그래서 하나님께서 기뻐하시는 것은 변하지 않는 신실함입니다. 다윗이 하나님의 칭찬을 받은 것은 비록 그가 죄를 저질렀지만 하나님께 대한 믿음에는 변함이 없었기 때문입니다. 분명한 것은, 하나님께 순종하고 하나님의 말씀을 지킬 때 복을 받습니다. 그러나 하나님께 불순종하고 하나님의 말씀을 지키지 않을 때, 특히 우상숭배할 때 하나님의 심판을 받는 것입니다.

성도 여러분, 변하지 않는 신실한 신앙을 갖기를 바랍니다. 그리고 하나님의 말씀에 순종하고 계명을 잘 지켜서 들어가도 나가도 복받는 성도가 되시기를 바랍니다.

왕국의 분열

열왕기상 12:1~33

주전 922년에 솔로몬이 죽자 하나님께서 솔로몬의 우상숭배 죄에 대해서 심판하신 말씀(왕상 11:9~13)을 이루시는 것을 볼 수 있습니다.

먼저 솔로몬의 아들 르호보암이 통일 이스라엘의 왕위를 받으려고 세겜으로 갔을 때 백성들이 그에게 각종 세금과 강제노역을 경감시켜 달라고 하였습니다(3~4절). 이에 대해서 르호보암은 3일을 생각할 기회를 달라고 했고, 그리고 3일 후에 백성들의 요구를 받아들이지 않는다는 것을 포악한 말로 대답했습니다. 바로 이 일로 말미암아 통일 이스라엘은 분열되고 말았습니다.

또한 우상숭배로 부패한 이스라엘을 개혁하라는 사명으로 에브라임 지파인 느밧의 아들 여로보암이 북이스라엘의 왕이 되었습니다. 그러나 그는 개혁은커녕 하나님의 율법을 어기고 자기 마음대로 하나님을 섬기는 법을 제정하게 되었습니다. 그 결과 우리는 이 이스라엘의 왕들을 평가할 때 악한 왕의 모델로 느밧의 아들 여로보암을 들고 있습니다. 하나님께서 주신 좋은 기회를 악하게 사용한 왕이 된 것입니다.

첫째, 르호보암의 어리석음(1~15절)

■ 1절에서 솔로몬의 아들 르호보암이 왕으로 등극하기 위해서 세겜으로 갔다고 했습니다.

① 세겜은 에발 산과 그리심 산 사이의 에브라임 산지에 위치한 성읍입니다.

② 창세기 12장 6~7절에 보면 아브라함이 가나안에 도착한 후 세겜 땅 모레 상수리나무에서 여호와를 위하여 단을 쌓았다고 했습니다.

③ 여호수아 24장 1절에 보면, 세겜은 가나안 땅에 정착한 이스라엘이 모여서 하나님께 예배드리면서 우리가 정녕 여호와 하나님만을 섬기겠다 다짐하면서 하나님과 맺은 언약을 갱신한 장소입니다.

④ 여호수아 24장 32절에 보면, 세겜은 이스라엘 자손이 애굽에서 가져온 요셉의 뼈를 장사한 곳이기도 합니다.

■ 2~3절에 보면 느밧의 아들 여로보암이 백성들과 함께 세겜에 와 있었습니다.

① 여로보암은 에브라임 지파 사람입니다. 여호수아 역시 에

브라임 지파 사람이었습니다.

② 여로보암은 솔로몬 왕을 피해 애굽에 있다가 솔로몬이 죽고 아들 르호보암이 왕이 되었다는 소식을 듣고 다시 가나안으로 돌아왔습니다.

③ 그래서 여로보암은 백성의 대표자로 백성들과 함께 르호보암과 회담하기 위해서 세겜에 와 있었던 것입니다.

■ 4절에서 북쪽 이스라엘 백성들이 르호보암에게 요청한 내용들이 나옵니다.

① 솔로몬 시대는 성전 건축, 왕궁 건축, 국고성, 병기성, 밀로, 하솔, 므깃도 등 많은 건축을 하면서 엄청난 세금이 부과되었고 부역도 많았습니다.

② 그래서 이것을 경감시켜 달라고 했습니다.

③ 또 이렇게 우리의 어깨에 있는 고역과 무거운 멍에를 가볍게 하면 왕을 섬기겠다고 했습니다.

■ 5절에서 르호보암은 이러한 백성들의 제안에 대해서 3일 동안 생각할 기회를 달라고 했습니다.

■ 6~7절에서 르호보암은 부왕인 솔로몬을 섬겼던 신하들을 불러서 백성들의 요구에 대해서 조언을 구했습니다. 이에 대해서 원로들은

① 왕이 백성을 먼저 섬기십시오.

② 백성들의 요구를 좋은 말로 받아들이시고 대답하십시오.

③ 그러면 백성들이 영원히 왕을 섬길 것이라고 대답했습니다.

④ 마태복음 20장 27~28절에서 예수님께서 제자들에게 "너

희 중에 누구든지 으뜸이 되고자 하는 자는 너희의 종이 되어야 하리라 인자가 온 것은 섬김을 받으려 함이 아니라 도리어 섬기려 하고 자기 목숨을 많은 사람의 대속물로 주려 함이니라" 고 하셨습니다.

■ 8절에서 르호보암은 이러한 원로들의 조언을 버렸습니다. 그리고 자기와 함께 자라난 친구들에게 갔습니다. 그 당시 르호보암의 나이는 41세로 봅니다.

■ 9~11절에서 르호보암 왕과 함께 자라난 소년들은 왕에게

① 왕의 새끼손가락은 왕의 부친의 허리보다 굵다고 하라고 대답했습니다. 즉 자신의 능력이 부친인 솔로몬의 능력보다 훨씬 크다는 말입니다.

② "내 아버지는 채찍으로 너희를 징계하였으나 나는 전갈(scorpions, 가시 돋친 채찍) 채찍으로 너희를 징치하리라" 고 하라 했습니다.

③ 원로들은 좋은 말로 백성들에게 대답하라고 했는데 소년들은 포악한 말로 백성들에게 대답하라고 왕에게 말했습니다.

■ 12~15절에서 약속한 대로 3일 만에 르호보암과 모든 백성들이 만났습니다. 이 자리에서 왕은 소년들이 조언해 준 대로 백성의 요구는 다 거절하고 포악한 말로 대답했습니다.

이렇게 된 것에 대해서 성경은 열왕기상 12장 15절에서 "왕이 이같이 백성의 말을 듣지 아니하였으니 이 일은 여호와께로 말미암아 난 것이라 여호와께서 전에 실로 사람 아히야로 느밧의 아들 여로보암에게 하신 말씀을 이루게 하심이더라" 고 했습니다. 열왕

기상 11장 29~39절에 선지자 아히야가 예언한 말씀이 성취되는 것을 가리킵니다.

둘째, 왕국의 분열(16~24절)

■ 16절에서 북이스라엘 사람들이 르호보암의 대답을 듣고

① 크게 분통을 터트렸습니다.

② 르호보암에게서 기대할 것이 없다고 했습니다.

③ 그래서 북이스라엘 지파들은 자기 땅으로 돌아가자고 했습니다.

④ 그리고 르호보암에게는 "당신이나 잘하라(다윗이여 이제 너는 네 집이나 돌아보라)"고 한 것입니다.

■ 17~18절에서

① 르호보암이 유다 지파와 베냐민 두 지파에서 왕이 되었습니다.

② 그리고 북쪽 10지파를 다시금 자기 수하에 두려고 역군의 감독 아도니람을 북쪽에 보냈습니다.

③ 그러나 북쪽에서는 세금을 걷으려는 아도니람을 돌로 쳐 죽였습니다

④ 이 사실을 안 르호보암은 급하게 수레를 타고 세겜에서 예루살렘으로 돌아왔습니다.

■ 19~20절에서 통일 이스라엘이 북이스라엘, 남유다로 나누어진 것을 말하고 있습니다.

■ 21절에서 르호보암은 갈라진 북쪽 10지파를 다시금 모으려고 군사들을 모집했습니다. 그래서 모인 군사가 18만 명이나 되었습니다.

■ 22~24절에서 하나님은 하나님의 사람 '스마야'에게 말씀하시기를

① 북이스라엘과 전쟁하지 말라.

② 모여진 군사를 다 집으로 돌려보내라.

③ 이렇게 갈라진 것은 하나님께서 하신 일이라고 했습니다.

④ 이 말을 스마야가 르호보암에게 전했습니다. 이에 대해서 르호보암이 순종해서 백성들을 돌려보냈습니다.

■ 여기서 원로의 말을 안 듣고 소년들의 말을 듣다가 나라의 분열을 겪은 르호보암이 나중에는 하나님의 말씀을 듣고 순종해서 동족 간의 전쟁을 피하는 것을 볼 수 있습니다.

셋째, 여로보암의 통치(25~33절)

■ 25절에서 북이스라엘의 왕이 된 여로보암은

① 수도를 벧엘로 정했습니다.

② 요단 동편 부느엘을 재건함으로써 유다 왕국의 영향력을 차단하려고 했습니다.

■ 26~27절에는 북이스라엘의 왕이 된 여로보암이 불안해하는 모습을 보게 됩니다.

① 북쪽 이스라엘은 남쪽 유다보다는 지리적으로 훨씬 좋았

습니다. 북쪽에는 이즈르엘 평원도 있어서 사람 살기가 좋은 지역입니다. 반면 남쪽은 네게브(광야)가 많았습니다.

② 실제적으로도 북쪽이 남쪽보다 훨씬 더 부강했습니다.

③ 그런데 이스라엘 백성들은 적어도 1년에 세 번은 예루살렘 성전에 가서 예배를 드려야 했습니다. 그래서 이렇게 예배드리다 보면 북쪽 민심이 다시 남쪽과 하나가 되는 쪽으로 흐를 염려가 있다는 것입니다. 그러면 다윗의 후손이 아닌 여로보암은 왕위에서 퇴출되지 않을까 하는 염려를 갖게 된 것입니다.

④ 여기서 여로보암이 열왕기상 11장 38절에서 하나님께서 선지자 아히야를 통해서 주신 말씀을 믿지 않고 인간적인 생각을 하면서 불안해하는 것을 보게 됩니다. 하나님은 다윗과 같이 여로보암이 율례와 명령을 지키면 "내가 너와 함께 있어 내가 다윗을 위하여 세운 것 같이 너를 위하여 견고한 집을 세우고 이스라엘을 네게 주리라"고 하셨습니다.

다시금 하나님의 말씀을 믿고 의지할 때 담대해지지만 사람의 말과 기분에 이끌리면 불안해지고 죄를 짓게 된다는 사실을 알 수 있습니다.

■ 28~30절에서 여로보암은 두 곳에 성소를 짓게 됩니다.

① 벧엘과 단입니다. 벧엘은 창세기 28장에서 야곱이 사닥다리 환상을 본 곳이고, 또한 위치상 북이스라엘 백성들이 예루살렘으로 가는 길목에 있습니다.

② 단은 이스라엘의 최북단에 위치한 곳이고, 단 지파가 사사

시대에 북쪽으로 옮겨 가서 라이스 사람들을 살육하고 정착한 곳입니다.

③ 여로보암은 이 두 곳에 예루살렘과 견주기 위해서 하나님의 임재를 상징하는 의미로 금송자리를 세웠습니다.

④ 이러한 일들은 첫째, 성소 단일화(신 12:5~7)를 어긴 것이고, 둘째, 형상 숭배 금지(신 9:8~21)를 어긴 것이 됩니다. 셋째, 하나님과 우상을 같이 섬기게 하는 혼합 신앙을 초래했습니다.

■ 31~33절에서는 여로보암이 저지른 죄가 계속 열거되고 있습니다.

① 산당들을 만들었고,

② 레위 사람이 아닌 사람들을 제사장으로 세웠고,

③ 절기의 날짜를 임의대로 바꾸었습니다.

■ 이러한 일련의 일들이 훗날에 아합 왕 시대에 여호와를 버리고 바알을 섬기게 되는 것과 연결되고, 200년 후에 이스라엘이 하나님의 심판으로 앗수르에게 망하는 결과를 가져왔습니다(왕하 17:20~23).

결론

하나님께서는 우상숭배하는 것을 가장 싫어하신다는 것을 다시금 알 수 있습니다. 솔로몬 왕이 하나님을 떠나 우상숭배한 것에 대한 심판으로 통일 이스라엘이 남북으로 갈라지게 되었고, 또한 백성을 섬김으로 나라를 하나로 묶을 수 있었던 기회를 르호보암이 섬김이 아닌, 무거운 짐과 전갈로 다스리려고 할 때 나라가 갈라지고 만 것을 보게 됩니다.

또한 우상을 버리고 오직 하나님 한 분만을 바르게 섬기라고 다윗의 후손이 아닌 에브라임 지파 사람 여로보암을 하나님의 축복 속에 북이스라엘 왕으로 세워 주셨는데, 여로보암은 이러한 하나님의 기대를 저버렸습니다. 자신이 왕으로 오래오래 백성을 다스리고자 하는 욕심으로 벧엘과 단에 성소를 세우고, 금송아지를 세우고, 제사장을 세우고, 절기를 마음대로 움직였습니다. 이러한 여로보암의 죄를 하나님께서 결코 용서하지 않으신 것을 볼 수 있습니다. 즉 하나님의 뜻대로 그분을 섬기려 하지 않고, 자기의 욕심을 이루기 위해 하나님을 자기 마음대로 이용하려고 한 죄를 결코 용서하시지 않는다는 것입니다.

성도 여러분, 언제 어디서나 오직 하나님 한 분만을 바르게 섬기시기를 바랍니다. 하나님을 우리의 뜻대로 움직이려고 해서는 안 됩니다. 내가 하나님의 뜻대로 순종하며 살아갈 때 하나님은 우리를 자손 대대로 복 주시는 것입니다.

벧엘을 심판하시는 하나님의 말씀

열왕기상 13:1~32

하나님의 특별한 은혜로 북이스라엘의 왕이 된 느밧의 아들인 여로보암은 하나님께서 원하시는 것, "네가 만일 내가 명한 모든 일에 순종하고 내 길로 행하며 내 눈에 합당한 일을 하며 내 종 다윗의 행함같이 내 율례와 명령을 지키면……내가 너를 위하여 견고한 집을 세우고 이스라엘을 네게 주리라"는 열왕기상 11장 38절의 말씀대로 살지 않았습니다.

벧엘과 단에 성소를 세웠고, 거기에 금송아지를 만들어 세웠으며, 레위 사람이 아닌 자로 제사장을 세웠고, 또 절기도 자기 마음대로 날짜를 바꾸어서 지켰습니다. 이러한 여로보암의 죄악된 행동은 브레이크가 파열된 것처럼 가증한 우상숭배의 길로 나아갔습니다. 이것에 대해서 하나님은 무명의 선지자를 여로보암에게 보내서 장차 일어날 하나님의 심판을 알려 주십니다. 이렇게 해서 하나님의 말씀은 일점일획도 틀림이 없이 이 땅에 이루어지는 것을 보여 주고 있습니다.

첫째, 벧엘에 대한 하나님의 심판(1~10절)

■ 1절에서 하나님께서 보내신 선지자가 벧엘에 왔다고 말씀합니다. 그런데 그 시간에 여로보암은 벧엘 제단에서 분향하고 있었습니다. 하나님께서 가증스럽게 여기는 일을 여로보암이 행하고 있었던 것입니다.

■ 2~3절에서 하나님의 사람이 벧엘을 향한 하나님의 심판을 말하고 있습니다.

① 요시야 왕의 이름이 나오고 있습니다. 요시야 왕은 주전 640~609년까지 남유다를 다스렸던 왕입니다. 그의 할아버지는 악명 높은 므낫세이고 그의 아버지는 아몬이었습니다. 아몬이 살해당함으로 요시야는 8세에 이스라엘의 왕이 되었습니다.

요시야는 므낫세와 아몬과는 다르게 과감하게 바알 숭배를 배척했습니다. 그래서 그는 종교개혁을 남유다에서만 한 것이 아니라 북이스라엘 지역까지 확장해서 벧엘에 있는 제단까지 헐어 버렸습니다(왕하 23:15). 그리고 사마리아 지역에 있는 산당 제사장들을 죽이고 그들의 뼈를 그 산당에서 불태워 버렸습니다(왕상 23:20; 대하 34:1~7). 이렇게 해서 열왕기상 13장 2~3절의 예언이 성취된 것입니다.

② 산당에서 제사장의 뼈가 제단에서 불살라지리라고 했습니다.

③ 제단이 갈라지고 그 위에 재가 쏟아지리라고 했습니다.

④ 예조(豫兆, sign)란 예언을 입증하는 기적을 말합니다.

⑤ 이러한 예언은 불순종한 왕에게 어떠한 일이 일어나는가를 보여 주는 것입니다.

■ 4~5절에서 이 예언을 들은 여로보암은 즉각적인 반응을 나타냈습니다. 그는 크게 진노하면서 제단 위에서 손을 뻗어 선지자를 가리키면서 그를 잡으라고 명령했습니다. 그런데 그 순간 앞으로 뻗은 여로보암의 손이 마비되었고, 제단이 갈라지기 시작했고, 재가 쏟아지기 시작했습니다. 이것은 하나님께서 백성들이 드린 제사를 열납하지 않으셨다는 것입니다.

■ 6절에서 여로보암은 다급해졌습니다. 그래서 선지자에게 청하기를 "너는 나를 위하여 네 하나님 여호와께 은혜를 구하여 내 손으로 다시 성하게 기도하라"고 했습니다. 이에 하나님의 사람이 여호와께 기도하니 왕의 손이 다시 온전하게 되었습니다.

■ 7~8절에서 왕은 선지자에게 감사함의 표시로 자기 집에 가서 대접하고 싶다고 했습니다. 이에 대해서 선지자는 왕의 집에 가지 않을 것이고, 왕이 주는 떡도 먹지 아니하고, 물도 마시지 않겠다고 했습니다.

■ 9~10절에서 선지자는 하나님의 말씀이, 떡도 먹지 말고 물도 마시지 말고 왔던 길로 도로 가지 말라고 하셨다는 것입니다. 선지자는 하나님의 말씀대로 순종했고, 다른 길로 갔습니다. 여기

서는 두 가지 가르침을 보여 주고 있습니다.

① 하나님의 말씀에 순종해야 한다는 것이고,

② 우상숭배하는 길로 다시 가서는 안 되고, 다른 길로 가야 한다는 것입니다.

둘째, 하나님의 사람과 늙은 선지자의 회동(11~24절)

■ 11절에서 벧엘에 한 늙은 선지자가 살고 있음을 말하고 있습니다. 그리고 그 늙은 선지자는 유다에서 온 하나님의 사람이 벧엘을 향해 한 예언 내용을 아들을 통해서 들었습니다.

■ 12~14절에서 그 늙은 선지자가 나귀에 안장을 지우고 유다에서 온 선지자를 찾으러 떠났습니다. 그리고 상수리나무 아래 앉아 있는 선지자를 만났습니다. 여기서 왜 늙은 선지자는 유다에서 온 선지자를 만나려고 했을까요?

① 그 예언자가 바른 예언자인가 하는 것이고,

② 벧엘을 향한 하나님의 심판을 약하게 하려는 의도도 있었습니다.

■ 15~17절에서 늙은 예언자는 유다에서 온 예언자에게 자기 집에 가서 떡도 먹고, 물도 마시자고 했습니다. 이에 유다에서 온 예언자는 하나님께서 말씀하시기를

① 떡도 먹지 말고,

② 물도 마시지 말고,

③ 왔던 길로 돌아가지 말라고 하셨다고 했습니다.

■ 18절에서 늙은 예언자는 유다에서 온 예언자에게 거짓말을 합니다.

① 나도 당신과 같은 선지자이다.

① 하나님께서 말씀하시기를 "당신을 내 집으로 데리고 돌아가서 떡도 먹고 물도 마시게 하라"고 하셨다는 것입니다.

■ 19절에서 유다에서 온 예언자는 벧엘에 사는 늙은 예언자의 말을 듣고

① 왔던 길로 되돌아갔고,

② 떡도 먹었고,

③ 물도 마셨습니다.

■ 20~22절에서 이상한 일이 벌어졌습니다. 벧엘에 사는 늙은 예언자가 자기가 거짓말을 해서 자기 집으로 데리고 온 유다에서 온 예언자에게 하나님의 말씀으로 선포합니다.

① 네가 하나님의 말씀을 어겼고, 하나님의 명령을 지키지 않았다는 것입니다.

② 왔던 길로 돌아가지 말라고 했는데 돌아갔고,

③ 떡도 먹지 말고, 물도 마시지 말라고 했는데 떡도 먹었고 물도 마셨다는 것입니다.

④ 그래서 하나님의 심판이 임할 것인데 네가 곧 죽을 것이며, 네 시신이 네 조상의 묘에 들어가지 못할 것이라는 것입니다. 죄인은 조상의 묘에 들어가지 못했습니다.

■ 23~24절에서 유다에서 온 선지자가 벧엘을 떠나서 길을 가다가 사자를 만나서 죽게 되었습니다. 그런데 이상한 일은 사자가

그 유다에서 온 선지자를 죽이고 그 자리에서 서 있고, 타고 갔던 나귀도 서 있었습니다.

- 열왕기상 13장 11~14절에서 주는 교훈은 이것입니다.

① 하나님의 말씀에 끝까지 순종하느냐 아니면 불순종하느냐 입니다.

② 불순종으로 유혹하는 말에 유다에서 온 선지자가 넘어가고 말았습니다. 즉 하나님께서 주신 사명을 감당하지 못했습니다.

③ 마지막 심판 때를 보여 주는 마태복음 25장에서 "주여 우리가 어느 때에 주의 주리신 것을 보고 공양치 아니하더이까?", "내가 두려워하여 나가서 당신의 달란트를 땅에 감추어 두었었나이다"라고 한 것이나 "백성이 당신의 하나님 여호와께 제사하려 하여 양들과 소들 중에서 가장 좋은 것을 남김이요"(삼상 15:15)라는 말씀은 모두 인간적인 이유를 대면서 하나님의 말씀에 불순종한 모습들을 보여 줍니다.

④ 그런데 아무리 순진한 마음을 가졌어도 하나님의 명령에 불순종한 것은 심판을 받는다는 것입니다. 하나님의 명령에는 무조건적으로, 동기에 상관없이 행동으로 복종해야 한단 사실을 가르쳐 주고 있습니다.

셋째, 벧엘을 심판하시는 하나님의 말씀의 실현(25~32절)

■ 25~28절에서 벧엘에 사는 늙은 선지자는 유다에서 온 선지자가 길에서 사자를 만나서 사자에게 죽임을 당했다는 것을 듣게 되었습니다. 그리고 사자는 유다에서 온 선지자만 죽였지 그 시체를 먹지도 않았고, 타고 가던 나귀도 죽이지 않았고, 그 시체 곁에 있음을 들었습니다. 그 이야기를 듣는 순간 그 늙은 선지자는 벧엘을 향한 하나님의 심판의 진정성을 깨닫게 되었습니다. 즉 하나님의 말씀이 틀림없이 이루어짐을 알게 되었습니다.

■ 29~31절에서 늙은 선지자는 길에서 죽은 유다에서 온 선지자의 시신을 자기 성읍으로 가지고 와서 장사를 지냈습니다. 그때 늙은 선지자는

① 그 선지자를 위하여 크게 슬퍼하는 것을 볼 수 있습니다.

② 또한 그 사람을 장사해서 시신을 둔 곳에 자기가 죽으면 자기 시신도 그 곁에 두라고 했습니다.

③ 이 말은 유다에서 온 선지자가 참 선지자임을 알라는 것입니다.

■ 32절에서 늙은 선지자는 유다에서 온 선지자가 선포한 예언, 즉 벧엘에 있는 단, 그리고 사마리아 성읍들에 있는 모든 산당을 향한 하나님의 심판이 반드시 이룰 것이라고 선언했습니다.

결론

하나님의 말씀에 순종치 않고 우상숭배하는 자는 비록 하나님이 택하셨을지라도 하나님의 심판을 받습니다. 또한 하나님의 사람은 어떤 경우에도 사람의 말에 귀를 기울이지 말고, 내게 주신 하나님의 말씀에 무조건적으로 순종해야 한다는 것입니다. 그래서 창세기 22장에서 아브라함은 하나님께서 그에게 명하신 대로 모리아 산에 올라가 이삭을 제물로 바치려고 했던 것입니다. 즉 무조건적으로 순종했습니다. 이 일로 아브라함은 하나님으로부터 그의 믿음을 인정받았고, 하나님의 약속된 복을 받았던 것입니다.

성도 여러분, 어떤 경우에도 하나님의 말씀을 지키고 순종할 때 언제든지 하나님은 여러분의 믿음을 인정하시고 복 주십니다. 어디서든지 하나님의 말씀에 무조건 순종하는 성도들이 되시기를 바랍니다.

우상숭배에 대한 하나님의 심판

열왕기상 13:33~14:31

열왕기상 12장에서 우리는 슬픈 사건을 만났습니다. 그것은 통일 이스라엘이 남유다와 북이스라엘로 갈라진 것입니다. 또한 통일 이스라엘의 왕이 될 수 있었던 르호보암이 교만과 욕심으로 백성들의 요청을 받아들이지 않아서 북쪽 10지파를 잃어버리게 된 것입니다.

또한 북쪽 10지파의 왕이 된 여로보암은 다윗의 후손이 아니기에 왕이 될 수 없었는데도 하나님의 특별한 은혜로 북이스라엘의 왕이 된 것이니 다윗 왕처럼 하나님만을 온전히 섬기면 자손 대대로 북이스라엘의 왕이 될 것인데, 그는 하나님의 말씀을 믿지 못하고 자신의 느낌과 생각에 따라 단과 벧엘에 성소를 세우고 금송아지를 세운 일로 말미암아 하나님의 심판을 받은 것을 볼 수 있습 니다.

이처럼 하나님의 경고와 심판을 받은 르호보암이나 여로보암이 회개하고 바른 길을 가야 함에도 불구하고 열왕기상 14장에서 계속해서 우상숭배의 길로 나아간 것을 볼 수 있습니다. 이것에 대해서 열왕기상 14장은 북이스라엘과 남유다에 내린 하나님의 심판이 정당한 것임을 설명하고 있습니다.

동시에 앞으로도 이스라엘 백성이 하나님을 떠나서 우상숭배할 때 하나님의 심판이 임할 것임을 경고하고 있습니다. 그리고 예언자들의 경고에 대해서 귀담아들어야 하고, 또 신뢰해야 함을 말씀하고 있습니다. 그리고 열왕기상 14장에는 다윗처럼 하나님께 대한 충성심과 하나님의 말씀에 대한 신뢰를 가져야 함을 말씀하고 있습니다.

첫째, 여로보암에 대한 예언(13:33~14:16)

■ 33~34절에서 여로보암이 유다에서 온 예언자의 심판의 말씀을 들었음에도 불구하고 우상숭배하는 악한 길에서 떠나지 않음을 말하고 있고, 또한 아무나 제사장을 삼는 잘못된 일도 계속됨을 말하고 있습니다. 이에 대해서 여로보암 집에 심판이 임하는 것을 말씀하고 있습니다.

■ 14장 1절에서 여로보암의 아들 '아비야'가 병들게 되었습니다.

■ 2~3절에서 여로보암은 전에 그에게 장차 왕이 될 것이라고 예언했던 선지자 아히야(왕상 11:29~31)를 기억하고 있습니다. 그리고 자기 아들이 병든 것이 우연한 일이 아님을 느꼈습니다. 그래서 자기 아내에게 변장을 하고 선지자 아히야에게 가라고 했습니다.

① 변장 또는 가리는 것은 하나님과의 관계가 깨어졌다는 것을 상징적으로 표현하는 것입니다[예 : 아담과 이브가 자기 몸을 가림(창 3:7), 사울 왕도 엔돌에서 자기를 숨김(삼상 28:8~19)].

② 변장하는 사람은 자신들을 상대방(즉 하나님의 선지자)이 알아내지 못할 것이라고 생각하고 있습니다.

③ 또한 자신들이 저지른 죄가 감춰질 수도 있다는 생각을 가지고 있습니다.

■ 4~5절에서는 여로보암의 아내가 변장하고 여로보암이 일러준 대로 선물을 가지고 눈이 어두워 앞을 잘 못 보는 선지자 아히야에게 갔습니다. 반면 하나님께서는 아히야에게 "여로보암의 아내가 그 아들이 병듦을 인해서 찾아올 것인데 너는 그녀가 왔을 때 이렇게 대답하라"고 말씀을 주셨습니다.

■ 6절에서 여로보암의 아내가 선지자 아히야의 집에 들어왔을 때 선지자 아히야는

① "여로보암의 아내여 들어오라"고 합니다. 숨기려고 한 것이 다 드러나고 맙니다.

② "네가 어찌하여 다른 사람인 체하느뇨", 즉 '네가 하나님을 속이려고 하느냐'는 것입니다.

③ 흉한 일, 즉 하나님의 심판을 네게 고하리라고 했습니다.

■ 7~9절에서 하나님은 여로보암에게 심판을 선언하기 전에 여로보암이 행한 것에 대해서 고발하는 것을 볼 수 있습니다.

① 내가 이스라엘 백성 가운데서 너를 뽑아 왕으로 세워 주었다는 것입니다.

② 나라를 다윗의 집에서 쪼개서 10지파를 네게 주었다는 것입니다. 이 말은 왕이 될 가능성이 없는 너를 하나님께서 적극적으로 역사하셔서 왕이 되게 하셨다는 의미입니다.

③ 그런데 그는 다윗처럼 살지 않았습니다.

④ 오히려 이전 사람보다 더 악을 행했고, 하나님을 위한 것이 아니라 자신을 위해서 우상을 부어 만들었습니다.

⑤ 바로 이러한 일은 하나님의 은혜를 저버리는 배은망덕한 죄이며, 하나님을 등 뒤에서 버린 일이라는 것입니다(즉 뒤통수를 친 일이라는 것입니다).

⑥ 여기서 하나님의 은혜에 대한 인간의 배은망덕, 그리고 불신실성에 대해서 무섭게 반응하시는 하나님의 모습을 볼 수 있습니다.

■ 10~13절에 하나님의 구체적인 심판이 선언됩니다.

① 여로보암에게 속한 남자는 모두 죽이겠다고 하십니다. 마치 거름(dung)을 치우듯이 아주 말갛게 쓸어 버리겠다는 것입니다.

② 여로보암의 아들 아비야가 죽을 것이라 말하십니다.

③ 여로보암에게 속한 자가 성에서 죽은 즉 개가 먹고, 들에서 죽은 즉 공중의 새가 먹으리라고 했습니다.

• 참고 : 구약성경에서 정식으로 장사되지 못하고 개나 새에게 먹히는 일을 아주 치욕거리로 여겼다. 바아사 일가(왕상 16:4), 아합 일가(왕상 21:24)가 이런 일을 당했다.

④ 지금 병들어 죽어 가고 있는 여로보암의 아들 아비야만 조상의 묘실에 들어갈 것이라고 했습니다. 왜냐하면 그 아이만 하나님을 향해 선한 뜻을 품었다는 것입니다. 구약성경에서는 죽은 시신이 조상의 묘실에 들어가는 것을 중요하게 생각합니다(삼상 31장, 삼하 21장 - 사울과 그 자녀들의 장례).

■ 14~16절에서 여로보암 집과 북이스라엘에 임할 심판을 말씀하고 있습니다.

① 한 왕을 일으켜서 그날에 여로보암의 집을 끊어 버리겠다고 했습니다. 열왕기상 15장 27절에서 바아사의 반란으로 여로보암의 아들 나답이 피살되고 여로보암의 온 집이 멸망당합니다.

② 북이스라엘이 200년 뒤, BC 722년에 앗시리아에게 멸망당해서 포로로 끌려갈 것을 예언하고 있습니다. 그것이 바로 "이스라엘을……이 좋은 땅에서 뽑아 저희를 하수 밖으로 흩으시리니" 라는 말씀입니다.

③ 여기서 '하수' 는 유프라테스 강을 가리킵니다.

④ 한 개인의 범죄가 나라의 죄로 번질 수 있다는 것입니다. 즉 한 개인의 죄가 공동체 전체에 영향을 미침을 의미합니다.

둘째, 하나님의 심판(14:17~20)

■ 17절에서 여로보암의 아내가 수도 디르사로 돌아갔을 때 아이가 죽었습니다. 여로보암의 아내가 병든 아들에 대한 하나님의

말씀을 들으려고 갔다가 자기 남편에 의해서 초래된 총체적 재난에 대한 무서운 소식을 듣고 그 소식을 전해 주는 자가 되었습니다. 그리고 그녀가 들어가고 나가는 발걸음, 그리고 그녀가 출입하는 문지방들은 예언과 무서운 성취가 이루어지는 발걸음이 되었습니다.

■ 18절에서 아이의 죽음을 슬퍼하며 장례를 치릅니다. 그런데 거기서 아이의 죽음은 예언의 성취였고, 동시에 앞으로 여로보암의 집안이 멸절할 것을 보여 주는 예조(sign)임을 보게 됩니다.

■ 19~20절에서 여로보암은 하나님의 은혜로 북이스라엘의 왕이 되는 축복과 기회를 가졌지만 그 기회를 자신의 영광을 위해서, 하나님의 은혜에 대한 배은망덕으로 우상숭배로 나아갔습니다. 그래서 그는 자기 아들 아비야가 죽는 것을 보았고, 많은 땅을 잃어버리고 말았습니다.

■ 하나님의 은혜를 받아서 왕이 된 여로보암에게 여러 가지 가능성이 열려 있었듯이 오늘 하나님의 은혜로 하나님의 자녀가 된 우리에게도 여러 가지 가능성이 열려 있습니다. 그중에 하나가 우상숭배하면 분명한 하나님의 심판이 있다는 것입니다. 그러나 하나님께 전적으로 충성할 때 하나님은 측량할 수 없는 은혜와 축복을 베푸십니다.

셋째, 르호보암의 우상숭배(14:21~31)

■ 21절에서 르호보암이 남유다의 왕이 되었을 때가 41세의 나

이였음을 말하고 있습니다. 그리고 하나님의 이름을 둔 예루살렘, 즉 성전이 있는 곳에서 17년을 다스렸음과 그의 어머니는 암몬 사람 '나아마' 였음을 말하고 있습니다.

■ 열왕기상 12장 24절과 역대하 11장 16~17절에 보면 그가 통치 3년까지는 하나님의 말씀에 순종했고, 하나님의 뜻을 따랐음을 알 수 있습니다. 또한 북이스라엘에 있던 제사장들과 레위 사람들이 르호보암에게로 돌아왔습니다. 그것은 여로보암이 단과 벧엘에 성소를 세웠고, 금송아지를 세웠으며, 레위 사람이 아닌 자로 제사장을 세웠기 때문입니다.

■ 22절에 보면 르호보암이 왕이 된 지 3년이 지나서 악을 행하기 시작한 것을 보게 됩니다. 그런데 그 악한 일을 한 정도가 조상들이 저지른 것보다 지나쳐서 여호와의 노를 불러일으킨 것을 볼 수 있습니다.

■ 23~24절에서 르호보암이 저지른 죄는

① 산당을 세웠고, 우상과 아세라 목상을 세웠습니다.

② 남색하는 자가 있었다고 했습니다. 이 말은 남자 신전 창기(male shrine prostitute)가 있었다는 말입니다.

③ 이러한 일 때문에 하나님께서 가나안 원주민을 쫓아내셨는데 똑같은 일을 유다 백성이 저지르고 있음을 말하는 것입니다.

■ 25~28절에서는 이러한 르호보암의 죄악에 대한 하나님의 징계를 말하고 있습니다.

① 외국 군대의 침범입니다. 당시 최고의 강대국이었던 애굽

왕 시삭이 엄청난 병력을 이끌고 예루살렘에 올라왔습니다. 솔로몬 시대에 정략결혼으로 맺어진 우국 관계가 깨진 것을 보여 줍니다.

② 이때 솔로몬 시대에 만든 성전의 보물과 왕궁의 보물과 금방패를 모두 빼앗겼습니다(왕상 10:14~22).

③ 그래서 르호보암은 놋으로 방패를 다시 만들었습니다.

■ 29~31절에서

① 유다와 이스라엘 사이에 끊임없는 국경 충돌이 있었습니다.

② 르호보암이 죽고 그 아들 아비얌이 왕이 되었음을 말하고 있습니다.

③ 르호보암을 이야기할 때 그의 어머니 암몬 사람 '나아마'를 계속 언급하는 것은 역사를 기록하는 자가 르호보암의 타락이 바로 우상을 섬기는 어머니의 영향 때문이었음을 언급하기 위해서입니다. 여기서 다시금 자녀들에게 어머니는 지대한 영향을 끼치는 것을 알 수 있습니다(예 : 율곡의 어머니 신사임당, 에디슨의 어머니, 사무엘의 어머니 한나 등).

결론

사람이 살면서 주어진 좋은 기회를 잃어버리는 것은 안타까운 일입니다. 또한 징계를 받고도 회개하지 아니하고 계속 우상숭배의 길로 가는 것은 더욱 안타까운 일임입니다. 여로보암과 르호보암의 생애와 말로를 보면서 우리는 하나님께서 가장 싫어하시는 것이 은혜에 대한 배은망덕이요, 또한 우상숭배임을 알 수 있습니다.

우리가 이 역사를 보면서 분명히 알아야 할 것은 절대로 하나님 외에 다른 신을 섬겨서는 안 된다는 사실입니다. 우리는 나에게 생명을 주시고 하나님의 거룩한 자녀로 삼아 주신 하나님의 은혜를 깨닫고 우리 하나님께 전적인 충성을 바쳐야 합니다. 그래서 우리가 믿음을 가지고 하나님을 전심으로 섬기면 하나님께서는 측량할 수 없는 은혜와 신비와 복으로 우리에게 임하십니다.

성도 여러분, 변함없이 진실한 믿음을 가지고 하나님께 충성하셔서 하나님께 영광을 돌리시고, 하늘로부터 내리는 측량할 수 없는 은혜와 복 받으시기를 바랍니다.

아비얌, 아사, 나답과 바아사

열왕기상 15:1~34

열왕기상 12장에서 통일 이스라엘이 남유다와 북이스라엘로 갈라진 것을 보았습니다. 그 이후 북이스라엘의 초대 왕 여로보암의 행적과 남유다의 르호보암의 행적들을 살펴보았습니다. 계속되는 남·북 왕들의 이야기를 열왕기서에서 볼 수 있습니다. 여기서 열왕기서를 기록한 저자의 분명한 사관을 볼 수 있습니다. 저자는 한 나라의 건강함의 척도를 경제력과 군사력에 두는 것이 아니라 바로 하나님께 충성하고 있느냐 아니냐에 둡니다. 따라서 국가의 죄가 국가적인 비극을 가져옴을 보여 주고 있습니다.

이러한 역사적인 기록을 통해서 성경이 오늘날 우리에게 가르쳐 주는 것은 우리가 하나님 앞에 바르게 서 있는지입니다. 또한 하나님을 떠난 자들에게 하나님의 심판이 얼마나 무서운가를 알게 해서 회개에 이르게 하고, 자신들을 개혁하게 만드는 것입니다.

그래서 열왕기서는 유다와 이스라엘 역사에서 돌이킴, 개혁이 어떤 유익을 가져오는가를 보여 주고 있습니다. 그래서 현재 우리가 어느 상태에 있든지 그 자리에서 회개하고, 개혁하고, 하나님을 믿는 신앙이 갱신될 때 하나님의 약속된 축복을 받게 된단 사실을 알 수 있습니다.

첫째, 아비얌의 유다 통치(1~8절)

■ 1~2절에서 아비얌은 역대하 13장 1절에서는 '아비야'로 나오고 있습니다. 그의 통치는 3년이라는 짧은 기간이었지만 역대기를 보면 큰 사건들이 있었음을 알 수 있습니다.

■ 3절에 보면 아비얌은 그의 부친 르호보암이 행한 죄를 답습했고, 그의 조상 다윗처럼 온전히 하나님을 좇지 아니했다고 했습니다. 그러면 르호보암이 저지른 죄는 무엇입니까? 열왕기상 14장 22~24절에 보면 산당과 우상과 아세라 목상을 세웠고, 남색하는 자도 있었음을 알 수 있습니다. 바로 이러한 죄악을 아들 아비얌도 버리지 못했던 것입니다.

■ 4~5절에서 하나님은 다윗에게 이미 약속하신 대로(삼하 7장), 그리고 열왕기상 11장 36절에서 "그의 아들에게는 내가 한 지파를 주어서……성읍 예루살렘에서 내 종 다윗이 항상 내 앞에 등불을 가지고 있게 하리라" 하신 것을 지키시는 것을 볼 수 있습니다. 이처럼 하나님은 약속을 지키시는 분이십니다.

■ 6~7절에 보면 르호보암과 여로보암 사이에 전쟁이 있었듯이

아비얌과 여로보암 사이에도 전쟁이 있었음을 말하고 있습니다. 즉, 전쟁이 대를 이어가고 있었습니다.

■ 아비얌과 북이스라엘과의 전쟁이 역대하 13장에 나옵니다. 아비얌은 이스라엘과의 전쟁에서 40만 명의 군대를 동원했습니다. 반면 여로보암은 80만의 군대를 동원해서 국경지대에서 전쟁을 했습니다. 여기서 아비얌은 역대하 13장 5절에서 여호와께서 소금언약으로 이스라엘 나라를 영원히 다윗과 그 자손에게 주셨음을 밝히고 있습니다. 그리고 북이스라엘은 하나님의 계명을 지키지 않고 금송아지를 가지고 전쟁에 나왔다고 말합니다.

이런 연설이 있은 후 동족상잔이 벌어졌습니다. 이때 아비얌은 마치 열세에 있던 소년 다윗이 골리앗과의 전쟁에서 하나님께 부르짖었던 것처럼 역대하 13장 14절에서 하나님께 부르짖어 기도했습니다. 하나님께서 그의 기도를 들어주셔서 유다가 크게 승리를 했습니다. 역대하 13장 19절에 보면 이 전쟁에서 유다는 벧엘을 빼앗고 그 밖에도 여사나와 에브론 등 몇 성을 더 빼앗은 것을 알 수 있습니다.

그러나 이처럼 전쟁의 승리 이후에 아비얌은 교만해져서 다윗처럼 온전하게 하나님을 섬기지 못했습니다. 하나님은 처음과 나중이 변치않는 신실한 사람을 귀히 여기십니다.

■ 역대하 13장 21절에 보면 아비얌은 14명의 여자와 결혼해서 아들 22명과 딸 16명을 두었다고 했습니다.

둘째, 아사의 유다 통치(9~24절)

■ 9~10절에서 아비얌의 아들 아사는 아버지를 이어 남유다의 네 번째 왕으로 등극했습니다. 그는 41년을 남유다 왕으로 통치했고, 그 모친의 이름은 '마아가' 였습니다.

■ 11절에서 아사는 그 조상 다윗과 같이 하나님 보시기에 정직하게 행했다고 했습니다.

■ 12~14절에서는 그가 하나님 보시기에 정직히 행한 내용이 나옵니다.

① 남색하는 자를 그 땅에서 쫓아냈고,

② 모든 우상들을 없이 했고,

③ 모친 '마아가' 가 아세라의 가증한 우상을 만들어 섬겼으므로 왕의 어머니라는 '태후의 위' 를 폐하였고, 아세라 우상도 찍어서 기드론 시냇가에서 불살랐습니다.

④ 그런데 산당만은 제거하지 못했습니다. 즉 우상숭배를 깔끔하게 청소하지 못했습니다. '산당' 은 하나님께 예배도 드리지만 가나안 토속신에게도 제사드린 곳입니다.

⑤ 이렇게 아사가 종교개혁을 했기 때문에 아사, 요아스, 히스기야, 그리고 요시야로 이어지는 일련의 개혁적인 왕들의 대열에 들어가는 것입니다.

■ 15절에서 아사는 하나님의 전에 필요한 금, 은 기명들을 바쳤습니다. 즉 하나님의 전을 사랑하고 헌신한 것입니다. 이처럼 아사가 하나님께 충성할 수 있었던 것은 역대하 15장 1, 8절에서도 알 수 있듯, 선지자 '아사랴' 의 말씀을 듣고 순종했기 때문입니다.

■ 16~24절에는 아사가 북이스라엘의 왕 바아사와 전쟁한 것을 기록하고 있습니다.

■ 역대하 14장, 15장, 16장을 보면 두 번의 큰 전쟁이 있었음을 알 수 있습니다. 하나는 14장 9~15절에 나오는 에티오피아와(구스)의 전쟁입니다. 여기서 에티오피아 군대의 숫자는 군사가 100만 명이요, 병거가 300승이라고 했습니다. 반면 아사의 군대는

58만 명이었습니다.

전쟁에서 아사는 역대하 14장 11절에서 하나님께 간절히 기도 드렸습니다. “그의 하나님 여호와께 부르짖어 이르되 여호와여 힘이 강한 자와 약한 자 사이에는 주밖에 도와줄 이가 없사오니 우리 하나님 여호와여 우리를 도우소서 우리가 주를 의지하오며…….” 이렇게 해서 하나님의 도우심으로 전쟁에서 승리를 거두었습니다.

■ 그리고 두 번째 전쟁은 열왕기상 15장 16~22절에 나오는 북이스라엘 왕 바아사와의 전쟁입니다.

① 바아사가 먼저 군대를 이끌고 남유다를 침공해 들어왔습니다.

② 그리고 국경지대인 라마에 성을 세워서 북이스라엘 사람들이 남쪽으로 통행하지 못하게 했습니다.

③ 바아사의 침공으로 급하게 된 아사 왕은 다메섹(아람) 왕 벤하닷에게 원병을 청원하면서 많은 은금을 지불했습니다.

④ 벤하닷은 아사 왕의 말을 듣고 북이스라엘의 몇 개 성읍을 공격했습니다. 바아사는 이 소식을 듣고 라마를 건축하는 일을 그만두고 침공받고 있는 지역으로 왔습니다.

■ 22절에서 아사 왕은 바아사가 건축하다가 남은 돌과 재목을 가져오게 해서 그것으로 베냐민 지파 땅에 게바와 미스바를 건축하였습니다.

■ 역대하 16장 7~9절을 보면 선지자 하나니는 유다 왕 아사가 하나님을 의지하지 않고 아람 왕 벤하닷을 의지한 잘못을 지적했습니다. 그런데 아사 왕은 이러한 선견자를 감옥에 가두었습니다.

따라서 아사 왕은 하나님의 징벌을 받아서 발에 심한 병이 들어 그 병으로 말미암아 죽었습니다.

■ 아사 왕을 보면서 안타까운 면을 보게 됩니다. 에티오피아와의 전쟁에서 하나님만을 의지해서 승리를 거두었는데, 북이스라엘과의 전쟁에서는 하나님만을 의지하지 않고 아람 왕 벤하닷을 의지한 일입니다. 하나님은 이러한 일에 대해서 심판하시는 하나님이십니다. 하나님은 우리에게 변함없이 신실하십니다. 마찬가지로 우리도 하나님께 늘 신실해야 하겠습니다.

셋째, 나답과 바아사의 이스라엘 통치(25~34절)

■ 북이스라엘의 초대 왕 여로보암은 22년을 치리하고 죽었습니다. 그리고 여로보암의 아들 나답이 북이스라엘의 두 번째 왕이 되었습니다.

■ 그러나 나답 왕은 부하 '바아사'의 칼에 맞아 죽었습니다.

■ 성경은 나답의 통치 기간은 2년이고, 여호와 보시기에 악을 행하되 그 아비 여로보암이 지은 모든 죄를 따라 행했다고 했습니다. 나답은 처음부터 끝까지 우상을 만들고 섬긴 느밧의 아들 여로보암의 길로 행했습니다.

■ 27절에 보면 잇사갈 지파 사람 바아사가 나답 왕을 모반해서 나답을 죽이고 자신이 북이스라엘의 왕이 되었습니다. 이렇게 해서 초대 북이스라엘의 왕이 된 여로보암의 왕통은 그의 아들 나답에서 끊어지고 말았습니다.

■ 바아사는 비천한 출신이었지만 훌륭한 장수였습니다. 그리고 나답을 배반하여 그를 죽이므로 북이스라엘의 왕이 된 것입니다.

■ 바아사가 북이스라엘의 왕이 되어서 한 일을 살펴보면,

① 여로보암의 남은 온 식구를 처형했습니다.

② 이렇게 해서 여로보암 왕조가 끝이 났습니다. 이 일은 하나님께서 여로보암 왕조를 심판하시기 위해서 바아사를 들어 쓰신 것임을 알 수 있습니다.

③ 바아사는 24년이란 기간 동안 북이스라엘을 통치했습니다.

④ 그리고 그는 여호와 하나님 보시기에 악을 행했고, 그리고 여로보암이 간 길을 그대로 갔습니다.

결론

르호보암의 아들 아비얌을 보면서 처음에는 여호와를 의지했지만 나중에는 교만해서 하나님을 떠나 악한 왕이 된 것을 보았고, 또한 아사 왕도 우상을 제거하는 개혁의 길로 걸어가서 하나님을 기쁘게 하여 에티오피아와의 전쟁에서는 승리했으나 북이스라엘과의 전쟁에서는 하나님을 의지하지 않고 아람 왕 벤하닷을 의지한 결과 발에 병을 얻어 죽게 된 것을 봅니다. 여기서 안타까운 사실은 하나님께서는 변하지 않는, 심지가 굳은 신앙을 귀하게 여기시는데 두 왕 다 그러지 못했다는 것입니다. 또

한 북이스라엘의 나답 왕이 부하 바아사에게 죽임을 당하는 것을 보면서 하나님의 심판의 약속은 꼭 이루어짐을 볼 수 있습니다.

성도 여러분, 이러한 역사적 사실을 보면서 여러분은 초지일관 변하지 않는 신실한 신앙생활 하셔서 하나님께 영광 돌리시고, 하나님으로부터 복받아 다윗처럼 존귀한 삶을 사시기를 바랍니다.

바아사, 엘라, 시므리, 오므리

열왕기상 16:1~34

역사는 오늘 우리가 어떻게 살아야 하는가를 보여 주는 교과서나 마찬가지입니다. 그런데 안타까운 사실은 열왕기서에 나오는 대부분의 왕들이 역사의 교훈을 무시한다는 것입니다. 마치 앞에 가던 나방이 불에 타 죽는 것을 보면서도 계속 뛰어드는 무지한 나방들처럼 앞에 있던 왕들이 하나님께 불순종하고 우상숭배해서 망하는 것을 뻔히 보면서도 똑같은 길로 가는 것을 보게 됩니다.

북이스라엘의 초대 왕 여로보암도 왜 자신이 왕이 되었으며 왜 통일 이스라엘이 분단되었는가를 누구보다도 잘 알았습니다. 그것은 다름 아닌 솔로몬 왕의 우상숭배 때문이었습니다. 그런데 자신이 하나님의 은혜로 왕이 되자 이러한 하나님의 은혜를 잊어버리고 하나님께서 싫어하시는 우상숭배의 길로 나아갔습니다. 이런 여로보암의 집에 대해서 하나님의 심판이 내려졌습니다. 열왕기상

14장 10~11절에서 여로보암 집에 속한 남자는 죽임을 당할 것이고, 성에서 죽으면 개가 먹을 것이고, 들에서 죽으면 공중의 새가 먹으리라고 했습니다.

바로 이러한 하나님의 심판을 실행한 자가 바아사라는 북이스라엘의 세 번째 왕입니다. 이렇게 바아사는 우상숭배한 여로보암의 집안을 하나님께서 자신의 손을 들어 심판하시는 것을 직접 체험했습니다.

그런데 열왕기상 15장 34절에서 "바아사가 여호와 보시기에 악을 행하되 여로보암의 길로 행하며 그가 이스라엘로 범하게 한 그 죄 중에 행하였더라"고 했습니다. 하나님께서는 이러한 바아사를 열왕기상 16장에서 심판하십니다. 따라서 우리는 역사의 가르침을 무시하지 말고 배워야 합니다. 그리고 하나님의 말씀대로 순종하며 살아야 합니다.

첫째, 북이스라엘의 두 번째 왕조(1~7절)

■ 1~4절에서는 하나님의 말씀이 하나니의 아들 선지자 예후를 통해서 바아사에게 임하는 것을 볼 수 있습니다.

■ 2절에서 하나님은 바아사에게 "내가 너를 티끌에서 들어 나의 백성 이스라엘 위에 주권자가 되게 하였거늘 네가……내 백성 이스라엘에게 범죄하게 하여 그들의 죄로 나를 노엽게 하였은즉"이라고 했습니다.

① 여기서 '티끌'은 비천한 신분이라는 뜻입니다. 즉 바아사

는 왕이 될 만한 인물이 아니었는데 하나님의 은혜로 북이스라엘을 다스리는 왕이 되었다는 말입니다.

② 그러나 이렇게 왕이 된 바아사는 자신이 심판을 수행한 여로보암의 죄를 그대로 답습했습니다. 이것은 자신을 왕으로 세우신 하나님을 버린 것입니다(왕상 14:9 "나를 네 등 뒤에 버렸도다"는 말씀처럼).

③ 그래서 하나님은 여로보암 가문에 내리셨던 멸망의 심판을 그대로 내리신 것입니다(3~4절).

■ 사도 바울은 고린도전서 15장 10절에서 "나의 나 된 것은 하나님의 은혜로 된 것이니……"라고 했습니다. 따라서 하나님의 은혜로 복된 자리에 서 있으면 그 자리를 이용해서 죄짓지 말고 더욱더 하나님께 영광을 돌려야 합니다. 만약 그렇지 않으면 그 자리 때문에 오히려 더 비참해집니다.

■ 5~6절은 바아사가 통치한 지 24년 만에 죽고 그의 아들 엘라가 왕위에 올랐습니다.

■ 7절은 하나님께서 다시금 왜 바아사를 심판하셨나를 설명하고 있습니다.

① 여로보암의 가문이 왜 망했는지를 누구보다 잘 아는 바아사가 똑같은 불순종의 길을 걸었기 때문입니다.

② 그리고 바아사가 하나님의 도구로 여로보암의 집안을 심판할 때 하나님의 지시에 따라 행하지 않고 자만해서 오직 자신의 권력을 세우기 위해 칼을 휘둘렀던 것을 지적하고 있습니다.

둘째, 시므리의 반란(8~20절)

■ 8~10절에서 아버지 바아사의 뒤를 이어 왕이 된 엘라가 왕위에 오른 지 2년이 되었을 때입니다. 왕이 궁내대신 아르사의 집에서 먹고 마시고 취했을 때에 왕의 신복이었던 시므리가 왕을 죽이고 자신이 왕이 되는 쿠데타를 일으킨 것입니다.

① 그 당시 이스라엘 군대는 블레셋의 깁브돈에 나가 있었습니다.

② 그리고 왕은 궁내대신 집에서 연회를 벌이고 있었습니다.

③ 반역자 시므리는 병거대(전차) 절반을 통솔하는 시위대장이었습니다.

④ 왕을 보호해야 할 경호대장이 왕을 죽인 것입니다. 이를 통해 적은 항상 가까이 있음을 알 수 있습니다.

■ 11~14절에서 왕이 된 시므리는 바아사의 온 집을 죽이되 특히 남자는 그 족속이든지 아니면 그 친구까지 한 명도 남기지 않고 죽였습니다.

① 이것은 선지자 예후로 바아사에게 임한 말씀대로 이루어진 것이고,

② 바아사와 그의 아들 엘라가 저지른 범죄 때문이며,

③ 구체적으로 우상숭배를 한 죄 때문임을 밝히고 있습니다.

④ 여기서도 분명한 것은 하나님의 심판 선언은 꼭 실행된다는 사실입니다.

⑤ 반역으로 왕이 된 바아사의 집안이 반역으로 망하게 되는

것을 알 수 있습니다. 즉 피는 피를 부르고, 반역은 또 다른 반역을 부릅니다. 그래서 예수님께서 베드로에게 "네 칼을 도로 칼집에 꽂으라 칼을 가지는 자는 다 칼로 망하느니라"(마 26:52)고 하셨습니다. 또한 사도 바울도 로마서 12장 19절에서 "내 사랑하는 자들아 너희가 친히 원수를 갚지 말고 하나님의 진노하심에 맡기라 기록되었으되 원수 갚는 것이 내게 있으니 내가 갚으리라고 주께서 말씀하시니라"고 했습니다.

▪ 15~20절에서 시므리의 반역으로 바아사 집안에 하나님의 심판이 임했습니다. 그런데 시므리가 반역해서 엘라 왕과 그 집에 속한 모든 남자들이 죽었다는 소식이 블레셋 깁브돈에 진을 치고 있던 이스라엘 군대에 전해졌습니다. 그러자 이스라엘 군대는 군대 장관 오므리를 왕으로 삼고 시므리가 있는 디르사로 진군해 왔습니다. 반역에는 성공했지만 오므리 군대의 공격에 성이 함락되었다는 것을 안 시므리는 스스로 왕궁에 불을 지르고 그 가운데서 타 죽는 죽음을 선택했습니다.

▪ 19절에서 이렇게 비참한 최후를 맞이한 시므리에 대해서 "그가 여호와 보시기에 악을 행하여 범죄하였기 때문이라 그가 여로보암의 길로 행하며 그가 이스라엘로 죄를 범하게 한 그 죄 중에 행하였더라"고 했습니다. 야고보서 1장 15절에 "욕심이 잉태한즉 죄를 낳고 죄가 장성한즉 사망을 낳느니라"고 한 말씀이 다시금 기억되는 것입니다.

셋째, 오므리 왕조(21~34절)

■ 21~22절에서 바아사 왕의 아들 엘라를 반역해서 왕이 된 시므리가 7일 만에 죽음으로써 북이스라엘 왕국에 왕의 자리가 비었습니다. 그런데 이 자리를 놓고서 이스라엘 백성이 둘로 나뉘었습니다. 그 절반은 기낫의 아들 디브니를 좇았습니다. 그리고 그를 왕으로 세우려 했습니다. 반면 이스라엘 백성의 나머지 절반은 오므리를 좇았던 것입니다.

이 둘 사이의 전쟁에서 디브니가 죽고 오므리가 이겨서 오므리가 왕이 되었습니다. 디브니와 오므리 사이에 있었던 왕위 쟁탈전쟁은 4년간 지속되었습니다(아사 왕 27~31년까지 계속되었음). 즉, 오므리는 상당히 험난한 과정을 거쳐서 왕이 되었습니다.

■ 여로보암이 죽은 후 26년 동안 네 번이나 왕조가 바뀌는 상황을 통해 북이스라엘이 당시 불안정한 정국이었음을 알 수 있습니다.

■ 24절에서 오므리는 두 달란트로 세멜에게서 사마리아 산을 구입해서 그 위에 성을 쌓았습니다. 그리고 수도를 디르사에서 사마리아로 옮겼습니다. 사마리아는 해발 900m에 있었기 때문에 자연적 조건을 가진 요새였습니다.

■ 오므리 왕은 세상적 관점에서 보면 정치와 군사에서 대단한 능력을 가진 왕이었습니다. 12년간 통치하면서 북쪽으로는 시돈 지방을, 동쪽으로는 모압을 점령해서 그곳을 식민지로 삼았습니다. 그리고 그곳으로 이스라엘 사람들을 이주시켰습니다. 그 당시

강대국이 앗수르였는데, 앗수르가 오므리 왕을 만만하게 보지 못했습니다.

■ 이처럼 오므리는 유능하고 영웅적인 통치자였고, 북이스라엘 땅을 넓힌 왕이었지만 열왕기서의 저자는 오므리에 대해서 단 여섯 절로 정리하고 있습니다. 그리고 25절에는 "오므리가 여호와 보시기에 악을 행하되 그전의 모든 사람보다 더욱 악하게 행하였다"고 결론을 짓고 있습니다.

이것은 무엇을 의미합니까? 아무리 세상적 능력이 뛰어나도 하나님을 경외하지 않고 하나님께 불순종하여 악을 행하면 하나님께서 그를 인정하지 않으신다는 것입니다. 그리고 그와 그의 자손을 심판하십니다.

■ 28~33절에서는 오므리의 아들 아합이 북이스라엘의 왕이 되어서 행한 일을 말하고 있습니다.

① 오므리가 12년을 통치하고 아사 왕 38년에 죽고 그의 아들 아합이 왕이 되었습니다.

② 아합이 이스라엘 왕이 되어서 북이스라엘 역사상 가장 악한 왕 중에 한 명이 되었습니다.

③ 아합이 저지른 죄는 느밧의 아들 여로보암의 행위를 우습게 여길 정도로 그 악한 정도가 극심했습니다(31절).

④ 시돈 왕 엣바알의 딸 이세벨과 결혼함으로써 이방 신 바알 숭배를 조장했습니다. 이세벨은 이스라엘의 왕비로 오면서 시돈 땅에 있던 온갖 잡신을 다 가지고 들어왔습니다. 이로 인해서 북이스라엘에는 우상숭배가 편만해졌습니다.

⑤ 사마리아에 바알 산당을 건설했습니다(32절).

⑥ 또한 아세라 목상을 만들었습니다. 바알이 남신이라면 아세라는 여신이었습니다. 이렇게 해서 이스라엘 백성들에게 음탕한 제사를 드리게 했습니다.

⑦ 이러한 아합 왕에 대해서 이전의 왕들보다 죄악이 더 크다고 말하고 있습니다.

■ 34절은 여호수아 6장 26절에서 여호수아가 여리고 성을 무너뜨린 후에 누구든지 이 성을 쌓는 자는 여호와 앞에 저주를 받을 것이라고 선포했던 것과 연관된 사건을 다루고 있습니다. 그 저주의 내용도 상세했습니다. 기초를 쌓을 때 장자를 잃을 것이요, 문을 세울 때 마지막 아들을 잃으리라고 했습니다.

그럼에도 불구하고 아합 시대에 벧엘 사람 히엘이 여리고를 건축했습니다. 그 결과 이미 선포한 대로 히엘이 터를 쌓을 때에 맏아들 아비람이 죽었고, 그 문을 세울 때에 말째 아들 스굽을 잃었습니다. 하나님의 심판이 그대로 성취된 것을 볼 수 있습니다. 이 사건은 하나님의 경고를 무시할 때 심판이 임함을 보여 줍니다. 즉 우리 눈으로는 하나님을 볼 수 없지만 지금 이 시간도 살아 계시는 하나님이심을 분명하게 드러내는 사건입니다.

결론

하나님을 떠나 우상숭배하는 북이스라엘 왕들은 기름진 땅에서 백성들을 통치하며 살았습니다. 그러나 전쟁이 나면 전쟁에 패했고 저들의 왕권도 오래가지 않았으며 가까이 있는 부하들에게 죽임을 당합니다. 또한 하나님의 은혜로 왕이 되었지만 왕이 된 뒤에 그 은혜를 저버리는 자를 하나님께서 심판하시는 것을 볼 수 있습니다. 또한 하나님께서 귀히 여기시는 것은 그가 얼마나 세상에서 능력 있는 왕이냐 하는 것이 아니라 그가 하나님을 바르게 섬기고 있느냐입니다.

성도 여러분, 나의 나 된 것은 하나님의 은혜입니다. 이러한 은혜를 깨닫고 변함없이 신실하게 하나님을 경외하시기를 바랍니다. 하나님은 그런 사람을 귀히 여기시고 복 주십니다.

엘리야

열왕기상 17:1~24

"기독교의 핵심이 무엇이냐?"라고 묻는다면 우리는 보통 '사랑'이라고 대답합니다. 좀 더 구체적으로 이야기하면 '생명에 대한 사랑'이라고 말할 수 있습니다. 그래서 요한복음 3장 16절에서 "하나님이 세상을 이처럼 사랑하사 독생자를 주셨으니 이는 그를 믿는 자마다 멸망하지 않고 영생을 얻게 하려 하심이니라"고 했습니다.

또한 요한복음 10장 10절에서 "내가 온 것은 양으로 생명을 얻게 하고 더 풍성히 얻게 하려는 것이라"고 했습니다. 이처럼 하나님은 우리에게 생명을 주시고 또 우리를 지키시고 살리시는 분이십니다.

열왕기상 17장은 생명과 죽음에 대한 문제를 다루고 있습니다. 심한 기근은 죽음을 뜻합니다. 여기서 사르밧 과부는 마지막 음식을 먹고 "그 후에는 죽으리라"는 말을 합니다. 또한 사르밧 과부의 아들이 죽었습니다.

이처럼 죽음이 지배하는 세상에 하나님은 엘리야를 통해서 비가 내리는 예언을 하게 되고, 또한 사르밧 과부의 곡식 통에 곡식을, 기름병에 기름이 없어지지 않도록 공급하시는 것을 볼 수 있습니다. 즉, 생명을 공급하시는 것입니다. 게다가 엘리야를 통해 죽은 과부의 아들을 기도로 살려내는 것을 볼 수 있습니다.

하나님은 죽음과 생명의 주관자이십니다. 하나님의 아들 예수 그리스도께서도 역시 이 땅에 사시는 동안 양식을 공급하셨습니다(마 14장, 오병이어). 그분은 병자를 고치셨고, 죽은 자를 살리셔서 생명을 선물로 주셨습니다. 그리고 예수님은 십자가에 달려 죽으심을 통해 죄로 말미암아 죽음에 매여 있던 생명을 살리셨고, 부활하심으로 모든 사람에게 영생을 주셨습니다. 그래서 기독교는 사랑의 종교인 동시에 생명의 종교입니다.

첫째, 엘리야와 까마귀(1~7절)

■ 1절에서 우리는 엘리야의 등장을 볼 수 있습니다. 엘리야는 아합 왕에게 가서 기근을 선포합니다.

① '엘리야'는 '나의 하나님은 여호와이시라'라는 뜻입니다.

② 요단 강 동편 길르앗 지방 디셉에서 태어났기 때문에 '디셉 사람 엘리야'라 불렸습니다.

③ 또한 엘리야는 구약에 나오는 선지자들 중 대표적인 예언

자입니다. 그래서 마태복음 17장에서 예수님께서 변화산에서 모세와 엘리야를 만나신 것을 알 수 있습니다.

④ 또한 엘리야는 말라기 4장 5절에서 메시아가 이 땅에 오기 전에 "선지 엘리야를 너희에게 보내리라"고 했습니다.

⑤ 열왕기하 2장에 보면 엘리야는 죽음을 보지 않고 불수레와 불말을 타고 회리바람 가운데 승천했습니다.

■ 1절에서 엘리야가 기근을 선포한 것은 여러가지 의미가 있습니다.

① 바알 숭배자들은 바알이 땅에 비를 내려 주는 신이라고 믿었습니다. 그런데 비를 주관하는 신이 바알이 아니라 하나님이심을 선포하고 있습니다.

② 그래서 신명기 11장 14절에 보면 "여호와께서 너희 땅에 이른 비, 늦은 비를 적당한 때에 내리시리니 너희가 곡식과 포도주와 기름을 얻을 것이요"라고 했습니다.

또한 신명기 11장 16~17절에 보면 "너희는……돌이켜 다른 신들을 섬기며 그것에게 절하므로 여호와께서 너희에게 진노하사 하늘을 닫아 비를 내리지 아니하여……"라고 했습니다.

이처럼 성경은 하나님께서 비를 주관하고 계심을 분명하게 보여 주고 있습니다.

■ 2~7절에서 하나님께서 선지자 엘리야를 보호하시며 인도하시면서 가뭄 속에서 생명을 지켜 주시는 것을 볼 수 있습니다.

① 가뭄은 바알을 섬기는 아합에 대한 하나님의 심판임을 알 수 있습니다.

② 아합 왕의 우상숭배에 대해서 하나님께서 예언자 엘리야를 통해서 심판을 선언하신 것입니다(예 : 아히야를 통해서 여로보암에게 심판 선언을 하심. 하나니의 아들 선지자 예후를 통해서 바아사에게 심판 선언을 하심).

③ 까마귀를 통해서 하나님이 보내신 선지자 엘리야를 먹여 살리시는 것을 볼 수 있습니다. 마치 이스라엘 백성을 광야 40년 동안 만나와 메추라기로 먹이시는 것과 같습니다.

④ 하루에 두 번씩 고기를 먹는 것은 고대 팔레스틴에서 부자들의 관례였습니다.

⑤ 엘리야는 하나님의 말씀에 그대로 순종하는 것을 볼 수 있습니다.

둘째, 엘리야와 사르밧 과부(8~16절)

■ 8~9절에서 하나님은 엘리야에게 바알의 본거지인 시돈 땅에 있는 사르밧으로 가라고 하셨습니다. 여기서 우리가 기억할 것은 아합 왕의 부인이 바로 시돈 출신이라는 사실입니다.

■ 10~16절에서 하나님은 사르밧 과부에게 선지자 엘리야를 공궤하라고 하셨습니다.

① 그러나 사르밧 과부는 엘리야를 먹여 살리기에 한없이 부족한 상황이었습니다.

② 나그네를 대접해야 한다는 전통적, 도덕적 요구와 기근이라는 현실 사이에서 사르밧 과부는 고민하고 있었습니다.

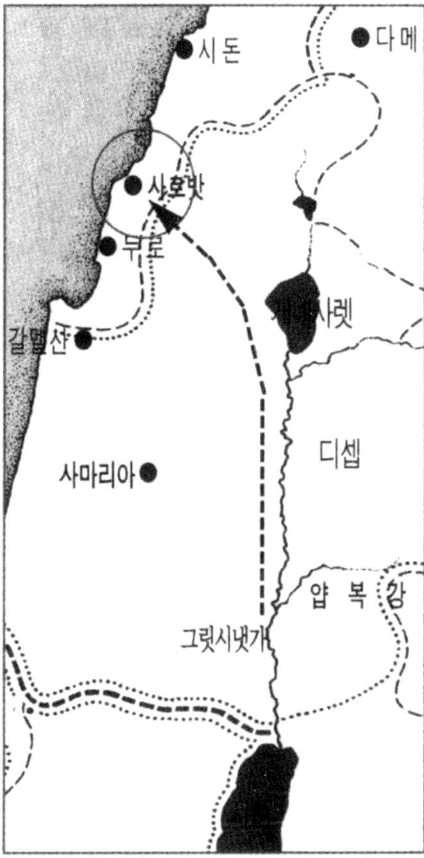

③ 그러나 사르밧 과부는 분명한 결정을 내립니다. 12절에서 그녀는 마지막 곡식 가루와 기름으로 빵을 만들어서 자기 아들과 자신이 먹고 죽으리라고 했습니다.

④ 이러한 과부에게 13절에서 엘리야는 두려워 말라고 하면서 먼저 그것으로 나를 위하여 작은 떡 하나를 만들어 내게로 가져오고 후에 네 아들을 위하여 만들라고 하였습니다.

⑤ 그러면서 하나님께서 "비를 지면에 내리는 날까지 그 통의 가루가 떨어지지 아니하고 병의 기름이 없어지지 아니하리라"는 약속을 14절에서 하고 있습니다.

⑥ 15~16절에서 사르밧 과부가 하나님의 약속을 믿고 엘리야의 말씀대로 순종하였더니 곡식 통에 곡식이 그치지 않고 기름병에 기름이 없어지지 않는 기적이 일어났습니다(막 12:41~44, 과부의 헌금).

⑦ 여기서 분명한 것은 바알의 본거지인 시돈 지방의 사르밧 과부에게 곡식을 제공하는 분은 바알이 아니라 하나님이시라는 것입니다. 이곳에서도 엘리야를 통해서 하나님의 말씀이 선포되고 그 말씀이 능력이 있어 기적이 일어나는 것을 보여줍니다.

⑧ 또한 살아 계신 하나님께서 죽음의 한복판에서도 곡식을 공급하시며 생명을 주시는 분이심을 알 수 있습니다.

셋째, 엘리야와 과부의 아들(17~24절)

■ 엘리야가 사르밧 과부의 집에 거함으로 가뭄의 고통이 없어져, 그들이 먹고 사는 데 어려움이 없어졌습니다.

■ 그런데 17절에서 사르밧 과부의 아들이 병들어 죽게 되었습니다.

■ 18절에서는 이 아들의 죽음으로 말미암아 사르밧 과부는 엘리야에게 불신앙적인 말을 합니다. "하나님의 사람이여 당신이 나

와 더불어 무슨 상관이 있기로 내 죄를 생각나게 하고 또 내 아들을 죽게 하려고 내게 오셨나이까" 라는 말이었습니다.

■ 19~22절에서 엘리야는 그 아이를 데리고 다락으로 올라가서 죽은 아이를 침상에 누이고 하나님께 아이를 살려 달라고 기도드립니다. 하나님은 이러한 엘리야의 기도를 들으시고 아이를 살려 주셨습니다. 여기서 하나님은 그분의 종들의 기도를 들으시는 것을 알 수 있습니다.

■ 23~24절에서 사르밧 과부는 죽었다가 살아난 자신의 아들을 보고서 다음과 같은 신앙고백을 하였습니다. "내가 이제야 당신은 하나님의 사람이시요 당신의 입에 있는 여호와의 말씀이 진실한 줄 아노라." 아이가 죽음에서 생명으로 옮겨진 것을 보고 사르밧 과부의 고백은 불신앙에서 신앙으로 옮겨졌습니다. 이처럼 하나님이 행하시는 기적은 사람들로 하여금 하나님을 믿게 하는 것입니다(눅 7:11~17 - 나인 성 과부의 아들의 소생).

결론

우상숭배에 대해서 하나님이 가뭄과 죽음이라는 심판을 내리셨음을 알 수 있습니다. 그러나 또한 하나님은 가뭄과 죽음에 놓인 백성을 살리시는 것을 볼 수 있습니다. 이처럼 하나님은 죄와 죽음 속에 있는 인간을 살리시려고 예수 그리스도를 이 땅에 보내신 것 같이 북이스라엘에 엘리야 선지자를 보내신 것입니다.

사르밧 과부가 엘리야의 말씀에 순종해서 마지막 음식을 만들어서 선지자에게 바쳤을 때 하나님의 약속대로 기적이 일어나서 그 집에 곡식과 기름이 그치지 아니했습니다. 또한 아이가 병들어 죽었을 때 하나님은 엘리야의 기도를 들으시고 죽은 아이를 다시 살리시는 생명의 기적을 행하셨습니다. 이처럼 하나님의 말씀은 능력이 있어서 죽음도 가져오고 생명도 가져오는 것입니다.

성도 여러분, 절대로 하나님을 떠나서 우상숭배 해서는 안 됩니다. 오직 하나님만을 섬기시고 하나님의 말씀에 순종하시기 바랍니다. 그럴 때 어떤 상황일지라도 물 댄 동산같이 하나님의 은혜가 임할 것이며, 하나님께서 우리의 생명을 지켜 주시고, 그치지 않는 하늘의 축복을 내려주실 것입니다.

갈멜 산에서의 대결

열왕기상 18:1~46

열왕기상 1~22장에 기록된 내용 중에서 성경을 읽는 분들이 기억하는 내용은 무엇일까 조사해 보면 보통 3장에 나타나는 솔로몬의 일천번제입니다. 그래서 솔로몬이 하나님으로부터 지혜를 얻은 내용입니다. 또 다른 하나는 6~8장에 걸쳐서 나오는 예루살렘 성전 건축 중에서 8장 27절에 나오는 솔로몬의 기도입니다.

"하나님이 참으로 땅에 거하시리이까 하늘과 하늘들의 하늘이라도 주를 용납하지 못하겠거든 하물며 내가 건축한 이 성전이오리이까" 입니다. 그리고 가장 많은 사람들이 기억하는 것이 오늘 우리가 살펴볼 18장에 나오는 '갈멜 산에서의 대결' 입니다.

이 갈멜 산에서의 대결은 우리에게 분명한 것을 가르쳐 주고 있습니다. 바로 여호와 하나님만이 참 하나님이시라는 것입니다. 그리고 하나님은 이 시간에도 이 역사 속에서 활동하신다는 사실입니다.

따라서 바알과 아세라, 그리고 바벨론의 신인 마르둑은 아무것도 아니라는 것이 됩니다. 그러므로 하나님과 다른 신들을 겸하여 섬기는 혼합신앙과 배교는 잘못된 것이며, 하나님의 심판을 가져옵니다. 또한 여호와 하나님을 섬기는 일에 있어서 미지근한 신앙, 이것도 저것도 아닌 불가지론은 안 됩니다. 만약 하나님을 섬기는 일에 분명한 선택을 하지 않으면 그것은 우상을 섬기는 것입니다.

그래서 열왕기상 18장이 강조하는 것은 하나님에 대한 절대적인 충성입니다. 하나님은 믿음을 저버리고 바알에게 기울어진 이스라엘 백성들도 포기하지 않으시고 구원하기 위해서 충성스런 엘리야 같은 사람을 불러서 사용하시는 것을 볼 수 있습니다.

첫째, 아합과 대결하는 하나님(1~20절)

▣ 1~2절에서 하나님은 17장 1절에서 내린 하나님의 심판인 가뭄이 3년이 지난 시점에서 다시금 엘리야를 부르십니다. 그리고 아합에게 가서 "하나님께서 비를 지면에 내리리라"는 말씀을 전하라 하십니다. 여기서도 분명한 것은 비를 주관하는 신은 바알이 아니라 하나님이심을 보여 주고 있습니다.

▣ 3~4절에서 아합이 궁내대신 오바댜를 불렀습니다. 여기서 오바댜는 여호와 하나님을 섬기는 선지자 100명을 이세벨의 박해 속에서(13절) 숨겨 주고, 먹여 줍니다. 이것은 19절에서 이세벨이 바알 선지자, 아세라 선지자를 먹여 살리는 것과 비교됩니다. 여기

서 하나님께서는 하나님의 신실한 백성들을 보호하기 위해서 '하나님의 종' 인 오바댜를 불러서 사용하신다는 사실을 알 수 있습니다.

■ 5~6절은 3년 반 동안 이스라엘에 비가 내리지 않자 상황이 얼마나 심각해졌는가를 잘 보여 주고 있습니다. 그래서 "이 땅의 모든 물 근원과 모든 내로 가자" 고 합니다. 이상한 것은 아합이 가뭄 속에서 먼저 생각한 것은 백성이 아니라 말과 노새 등 짐승이었습니다. 이처럼 하나님을 떠난 자의 관심은 사람의 생명이 아니라 물질이라는 사실을 분명하게 보여 줍니다.

■ 7~15절에서 엘리야와 오바댜가 만나게 됩니다. 여기서 엘리야는 오바댜에게 "엘리야가 여기에 있다" 라고 아합에게 전하라고 했습니다.

① 바로 이 말이 8, 11, 14절에서 세 번씩이나 반복되어 나타나고 있습니다.

② 그런데 오바댜는 이 명령을 준행할 때 자기가 죽임을 당할지도 모른다는 두려움(9, 12, 14절)을 세 번씩이나 반복하고 있습니다.

③ 여기서 오바댜는 누구에게 더 충성해야 하나를 놓고 갈등하고 있습니다. 왜냐하면 오바댜는 "내 주여" 라는 표현을 엘리야와 아합에게(7, 10절) 모두 사용하고 있습니다.

④ 그러나 오바댜는 엘리야가 하나님의 영에 의해서 움직이는 강력한 예언자임을 알고 있습니다(12절).

⑤ 그리고 엘리야는 담대하게, 두려움 없이 아합을 만날 것

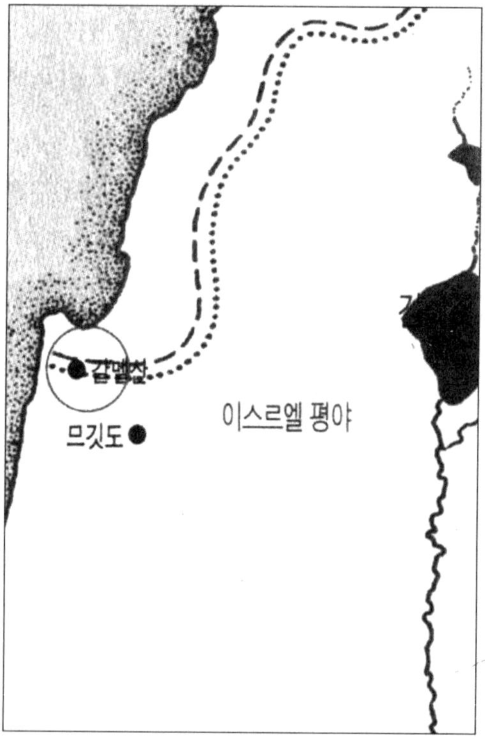

을 말하고 있습니다. 그러면서 자신이 하나님께만 복종하는 하나님의 종임을 밝히고 있습니다.

■ 16절에서 오바댜는 엘리야의 말대로 아합에게 가서 '엘리야가 여기 있다'는 것을 전합니다. 그래서 아합은 엘리야를 만나러 갔습니다.

■ 17~18절에서 엘리야와 아합이 만나는 장면이 나옵니다.

① 오바댜는 엘리야를 만날 때 "내 주여!" 하면서 엎드렸습니다. 반면 아합은 "이스라엘을 괴롭게 하는 자여 너냐?" 라고 했습니다.

② '괴롭게 한 자' 란 말은 보통 어리석은 맹세를 한 자, 또는 맹세를 깨는 사람들에게 적용됩니다. 그래서 여호수아 7장에 나온 아간에게 붙여진 말입니다(7:25).

③ 아합은 17장 1절에서 엘리야가 가뭄을 선포했기 때문에 '이스라엘을 괴롭게 하는 자' 라고 했지만 엘리야는 아합이 우상을 섬긴 것은 어리석은 판단을 한 것이고, 또한 하나님과의 계약을 어긴 것이기 때문에 실제로 이스라엘을 어렵게 한 자, 즉 괴롭게 한 자는 아합이라고 했습니다.

■ 19~20절에서 엘리야는 아합과의 갈등을 한 단계 높입니다. 그래서 갈멜 산에 바알과 아세라 선지자들을 다 모으게 하고서 그곳에서 대결하자고 했습니다.

■ 갈멜 산은 해발 530m입니다. 이 산은 이스라엘의 해안 평야를 두 부분으로 나누고 있습니다. 북쪽으로는 악고 평야, 남쪽으로는 샤론과 필리스티아 평야가 위치합니다. 이곳은 풍부한 강수량으로 숲이 무성하고 윤택합니다. 갈멜 산 정상에서 보면 그 아래로 이스르엘 평야가 한눈에 보입니다. 그리고 다볼 산도 보이고, 유명한 하이파 항구도 보입니다. 갈멜 산은 베니게(지금의 레바논) 사람들이 신성한 산으로 여겼습니다.

둘째, 누가 참 신인가?(21~40절)

■ 21절에서 엘리야는 백성들에게 제안했습니다. "너희가 어느 때까지 둘 사이에서 머뭇머뭇하려느냐 여호와가 만일 하나님이면

그를 따르고 바알이 만일 하나님이면 그를 따를지니라" 고 했습니다. 그런데 백성들은 이 제안에 대해서 "말 한마디도 대답하지 아니하는지라" 고 했습니다. 이 말은 백성들이 하나님을 선택하지 않았다는 것을 의미합니다.

■ 22~24절에서 엘리야는 두 번째 제안을 합니다. 바알과 아세라 선지자들과 백성을 향해서였습니다.

① 두 송아지를 가져와서 각각 자신의 제단에 송아지 한 마리씩 각을 떠서 올려놓자는 제의였습니다.

② 그리고 불을 놓지 말고 각자 자신들의 신을 부르자고 했습니다.

③ 그때 불로 응답하는 신이 참 하나님이라는 것입니다.

④ 그러자 백성들이 다 대답하기를 "그 말이 옳도다" 하면서 엘리야의 제안을 받아들였습니다.

■ 25~29절에서

① 먼저 바알과 아세라 선지자들이 송아지를 잡아 각을 떠서 제물로 드렸습니다.

② 그리고 아침부터 정오까지 바알을 부르면서 "바알이여, 우리에게 응답하소서" 라고 했지만 아무 소리도 들리지 않았습니다.

③ 그러자 오전에 엘리야가 바알 선지자들에게 조롱하기를 "큰 소리로 부르라 그는 신인즉 묵상하고 있는지 혹 그가 잠깐 나갔는지 혹 그가 길을 행하는지 혹 그가 잠이 들어서 깨워야 할 것인지……" 라고 했습니다. 엘리야는 바알이 헛것이

고 무기력함을 강조하고 있습니다. 즉 바알은 신이 아니라 한낱 돌덩어리에 불과하다는 것입니다.

④ 그랬더니 바알 선지자들은 바알에게 자신들의 충성심을 과시하고, 또 바알의 주목을 끌기 위해서 자해 행위까지 서슴지 않았습니다(렘 41:5). 그러나 아무 일도 일어나지 않았습니다. 이 말은 3년 반 동안 아무리 바알에게 제사를 지냈어도 이스라엘 땅에 비 한 방울 오지 않았음을 의미합니다. 그러니 바알은 비를 주관하는 신이 아니라는 것입니다.

■ 30~37절에서 엘리야가 하나님께 드리는 기도가 나옵니다.

① 엘리야는 먼저 무너진 여호와의 단을 수축했습니다.

② 12지파를 상징하는 12돌로 제단을 쌓았고, 제단 주위에 도랑을 만들고 12항아리 분량의 물(네 항아리에 물이 세 차례 부어집니다)을 부었습니다.

③ 이것은 이스라엘 민족이 구원받을 때를 상기시키는 행위입니다. 따라서 백성들의 마음 속에 하나님께서 이스라엘 백성을 선택하셨다는, 나라 사랑하는 마음을 불러일으킨 것입니다.

④ 36~37절에서 엘리야는 하나님께 기도드리기를 "아브라함과 이삭과 이스라엘의 하나님이여! 하나님은 이스라엘의 하나님이시며, 저는 하나님의 종이며, 지금 저는 하나님의 명령대로 행하고 있습니다 그러니 하나님께서 응답하셔서 백성으로 하여금 하나님이 참 신이시며, 내가 하나님의 종이라는 사실을 알게 하시고, 백성으로 하여금 하나님께로

돌아오게 하소서"라고 했습니다.

■ 38절에서는 하늘에서 불이 내려와 희생제물과 나무와 도랑의 물까지 다 태웠습니다. 이것은 단순히 기적이 아니라 하나님께서 이 제사를 집행하시고 열납하심을 분명히 보여 주신 것입니다.

■ 성경에서 불에 대해서 말씀한 것을 살펴보면,

① 히브리서 12장 29절에 "우리 하나님은 소멸하는 불이심이라"고 했습니다. 즉, 불은 살아 계신 하나님의 능력과 임재를 상징했습니다.

② 이전에 애굽의 군대가 이스라엘 백성을 추격했지만 하나님의 불기둥에 막혀서 더 이상 전진하지 못했습니다. 그래서 불은 하나님의 백성을 보호하는 불기둥이었습니다.

③ 불은 이스라엘 백성들이 광야에서 나아갈 때 저들에게 길을 제시하는 나침반이었습니다.

④ 또한 차가운 광야에서 이스라엘 백성들이 밤을 지낼 때 저들의 몸을 따뜻하게 하는 안식처였습니다.

⑤ 이렇게 불은 하나님의 축복이고, 기름 부으심이었습니다. 솔로몬이 왕위 즉위식을 마쳤을 때 하늘에서 불이 내려와서 제단의 제물을 불살랐습니다. 또한 신약시대 때에는 다락방에 모인 120성도들에게 하늘에서 성령이 불같이 임했습니다. 그것이 교회의 시작이 되었습니다. 이처럼 불은 하나님의 역동적인 힘입니다.

■ 39~40절에서 하나님께서 불로써 응답하시자 두 가지 결과가 나타났습니다.

① 백성들이 땅에 엎드러져서 여호와 하나님만이 참 하나님이심을 고백했습니다(신 4:32~35).

② 또 하나는 바알 선지자, 아세라 선지자들이 신명기적 원칙들(신 13:13~15)에 따라 살육되었습니다. 이처럼 하나님의 불이 임하면 모든 더럽고 죄악되고 부패한 것들은 깨끗이 청소되는 것을 알 수 있습니다. 이처럼 하나님의 불만이 사람을 개혁하고, 사회를 개혁합니다.

셋째, 비(41~46절)

■ 41절에서는 1절에 한 비에 대한 약속이 성취되는 것을 보여줍니다.

■ 42~45절에서 엘리야는 땅에 꿇어 엎드려 그 얼굴을 무릎 사이에 넣고 일곱 번까지 기도드린 것을 알 수 있습니다.

① 이것은 겸손하면서도 간절한 기도요,

② 그치지 않는 기도였습니다.

③ 이처럼 하나님은 하나님의 백성의 간절한 기도를 기다리시고, 들어주십니다(예 : 1940년 된케르크 40만 군대를 위한 기도).

■ 46절에서 엘리야는 하나님의 영에 사로잡혀서 갈멜 산에서 이스르엘까지 25km나 되는 길을 달려가는 장면이 나옵니다.

① 여기서 불이 하나님의 능력을 보여 주었다면 비는 하나님의 축복을 보여줍니다.

② 엘리야는 하나님의 능력으로 25km를 뛰면서 벅찬 가슴으

로 기쁨과 감격으로 하나님을 찬양하였을 것입니다. "온 세상 사람들아, 들어라! 하나님만이 진정한 하나님이시라. 그는 불을 내리시는 분이시요, 이 땅에 비를 내리시는 분이시라. 그러니 하나님만이 이 민족의 유일한 소망이시다"라고 했을 것입니다.

결론

이 세상을 살면서 분명한 것은 오직 하나님만이 유일한 신이라는 사실입니다. 만약 이 사실을 부정하고 하나님이 아닌 다른 것을 섬긴다면 하나님의 심판을 받습니다. 하나님은 불과 비, 그 밖에 다른 방법으로 하나님만이 참 신이신 것을 우리에게 분명히 보여 주실 것입니다.

그래서 우리는 하나님을 섬기되 다른 신과 함께 섬겨서는 안 됩니다. 또한 하나님께 전적인 충성과 헌신이 아닌 미지근하게 섬기는 것도 하나님을 섬기는 것이 아니고 우상을 섬기는 것임을 알아야 합니다. 우리는 하나님을 떠나 우상을 섬기거나 미지근한 신앙을 가져서는 안 됩니다.

우리도 엘리야처럼 오직 하나님 한 분만을 섬기고 충성해야 합니다. 그럴 때 하나님께서 엘리야의 기도를 들어주셨듯이 우리의 기도를 들어주시고, 또한 엘리야를 통해 이스라엘을 구원하셨듯 우리를 하나님의 도구로 생명을 살리는 일에 사용하십니다. 뿐만 아니라 엘리야가 죽음을 보지 않고 불병거를 타고 하늘나라로 올라갔듯이 우리도 하나님의 나팔 소리 날 때 하늘로 들림받게 되는 영광된 복을 받게 될 것입니다.

엘리야를 재위임하시는 하나님

열왕기상 19:1~21

요한복음은 전체가 21장으로 되어 있습니다. 그러나 20장에 보면 마지막 절인 30~31절에서 요한복음의 결론을 말씀하고 있습니다. 31절에 "오직 이것을 기록함은 너희로 예수께서 하나님의 아들 그리스도이심을 믿게 하려 함이요 또 너희로 믿고 그 이름을 힘입어 생명을 얻게 하려 함이니라"고 했습니다.

그런데 요한복음이 끝나지 않고 21장이 이어지고 있습니다. 왜 21장이 덧붙여졌을까 살펴보면, 예수님을 모른다고 세 번 부인한 베드로에게 예수님께서 다시금 "내 양을 먹이라"는 사명을 주시는 것을 볼 수 있습니다. 즉 베드로를 사도로 재위임하는 내용입니다.

이처럼 예수님은 배반한 베드로를 버리지 아니하시고 다시 불러서 사용하시는 것을 알 수 있습니다.

갈멜 산에서 엘리야가 바알 선지자 450인을 죽인 사건으로 말미암아 이세벨은 극도로 노했습니다. 그래서 엘리야를 반드시 죽이겠다고 선언했습니다. 이 소식을 듣고 엘리야는 도망가기 시작했습니다. 그리고 브엘세바까지 도망간 것입니다. 이스르엘에서 브엘세바까지는 160km인데 그 엄청난 거리를 달려왔습니다. 그리고 로뎀 나무 밑에서 하나님께 죽기를 간구했습니다.

그런데 이렇게 두려움에 잡혀 있고 탈진한 엘리야에게 하나님께서 다시 사명을 주시고 그 사명을 감당하도록 이끄시는 것을 열왕기상 19장에서 볼 수 있습니다. 즉 열왕기상 19장은 엘리야에게 예언자로서의 소명감을 갱신하게 하고, 다시금 예언자로 위임하는 과정을 말하고 있습니다. 여기서도 하나님은 하나님의 백성을 포기하지 아니하시고 새롭게 들어 쓰시는 것을 볼 수 있습니다.

첫째, 브엘세바로 도망가는 엘리야(1~8절)

■ 1~2절에서 이세벨은 바알 선지자 450인이 엘리야에게 죽임을 당한 것을 알고 24시간 안에 엘리야를 죽이겠다고 선언했습니다. 그리고 만일 그렇게 되지 아니하면 "신들이 내게 벌 위에 벌을 내림이 마땅하니라"고 했습니다. 그러니 이세벨이 얼마나 '독'을 품었는지를 알 수 있습니다.

■ 3절에 엘리야는 이 소식을 듣고 도망가기 시작했습니다. 갑자기 두려운 생각이 들었기 때문입니다. 그래서 북이스라엘에 있는 이스르엘에서 남유다에 속한 맨끝의 땅인 브엘세바까지 도망갔습니다. 이스르엘에서 브엘세바까지는 대략 160km 떨어져 있습니다.

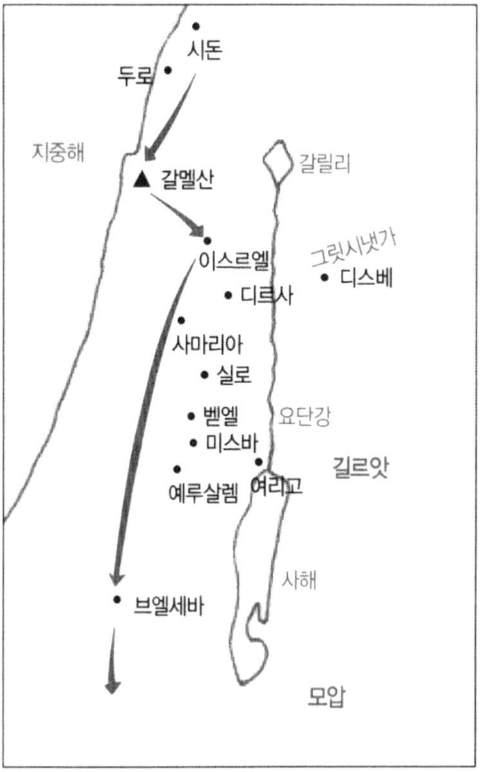

• 참고 : 브엘세바(Beersheba) : 네게브(사해 남쪽 지역) 지방에 위치한 종교 중심의 성읍으로 이스라엘의 최남단을 가리킬 때 지칭되었다. 사사기 20장 1절, 또는 열왕기상 4장 25절에서 '단에서부터 브엘세바'라고 할 때 이스라엘 전체를 가리키는 말이다. 이 지역은 애굽으로 가는 길과 유다 해안으로 가는 길목에 있다. 브엘세바라는 말은 '일곱 개의 우물' 또는 '맹세의 우물'이란 뜻이다. 엘리야는 브엘세바까지 같이 도망왔던 사환을 남겨두고 애굽으로 가는 길로 갔다.

■ 4~8절에 보면 엘리야의 영적 침체를 볼 수 있습니다.

① 4절에서 엘리야는 어느 한 로뎀 나무(Broom tree, Juniper tree) 아래서 죽기를 기도했습니다. "이르되 여호와여 넉넉하오니 지금 내 생명을 거두시옵소서 나는 내 조상들보다 낫지 못하니이다"라고 했습니다.

② 왜 이렇게 엘리야가 영적 침체에 빠졌을까요? 갈멜 산에서 큰 승리를 거두었지만 상황은 변한 것이 없었습니다. 이세벨은 무릎을 꿇고 회개하지 않고 도리어 엘리야를 죽이겠다고 나섰습니다. 악의 세력이 죽어야 할 때 죽지 않고 또 살아났습니다. 그리고 엘리야를 죽이겠다고 반격을 했습니다. 그 때 엘리야는 두려움을 느낀 것입니다.

③ 엘리야는 육체적으로 지쳐 있었습니다. 먼저 갈멜 산에서 이스르엘까지 25km를 빗속에서 달렸고, 그리고 이스르엘에서 브엘세바까지 160km를 도망왔습니다. 그러니 육체적, 정신적으로 에너지를 다 소비한 것입니다. 이렇게 에너지가 없을 때 침체에 빠집니다.

④ 또한 영적 침체에 빠진 사람들의 특징은 다른 사람과의 교제가 없고 홀로 앉아 죽을 궁리만 합니다.

⑤ 그리고 영적 침체에 빠진 사람은 긍정적인 면을 보지 못하고 부정적인 면만 바라봅니다. 엘리야는 오바댜가 굴 속에 숨겨 준 여호와 선지자 100명을 잊고 있습니다. 오직 이세벨의 음성만 크게 들린 것입니다.

■ 4~8절에서는 바로 이러한 영적 침체에 빠진 엘리야를 회복

시키는 하나님의 손길을 볼 수 있습니다.

① 엘리야로 하여금 깊은 잠에 들게 하십니다.

② 그리고 어느 정도 육신의 피로가 해소되었을 때 하나님은 천사를 통해 잠자는 엘리야를 깨우셨습니다.

③ 그리고 뜨거운 숯불 위에 떡과 물 한 병을 준비해서 일어나 먹으라고 하셨습니다. 이렇게 엘리야는 일어나서 떡과 물을 먹은 후에 기운을 차립니다.

④ 그리고 엘리야는 브엘세바에서 40주 40야를 걸어서 하나님의 산 호렙으로 갔습니다. 대부분의 성서학자들은 호렙 산을 시내 산으로 보고 있습니다. 그리고 브엘세바에서 호렙 산까지는 약 300km나 됩니다.

둘째, 재위임을 받는 엘리야(9~18절)

■ 9~10절에서 하나님은 엘리야에게 "네가 어찌하여 여기 있느냐?"라고 질문하시고, 엘리야는 자기중심적인 불만을 터뜨립니다.

① 내가 하나님께 대해서 열심이 유별납니다.

② 이스라엘 백성이 주의 언약을 버렸습니다.

③ 주의 제단을 헐고 주의 선지자들을 죽였습니다.

④ 그리고 나만 남았는데 내 목숨까지도 찾고 있습니다.

⑤ 여기서 우리가 알 수 있는 것이 있는데 엘리야의 불평은 오직 자기중심적일 때, 사태의 밝은 면을 보지 못하고 어두운 면만 볼 때 일어나고 있습니다.

■ 11~12절에서 이러한 엘리야를 동굴 속에서 바깥으로 나오게 하십니다. 영적 침체에 빠진 사람은 암울한 영적인 동굴 안에 거합니다. 이러한 엘리야를 동굴 밖으로 나오라 하셨습니다. 창세기 15장 5절에서도 하나님께서는 절망 속에 있는 아브라함을 장막 밖으로 나오게 하셨습니다. 이제 엘리야는 동굴 밖으로 나왔습니다. 이러한 엘리야는 세 가지 특별한 현상들을 보게 되었습니다.

① 강한 바람이 산을 가르고 바위를 부수는 일

② 지진이 있었던 일

③ 그리고 불이 있었던 일입니다. 그런데 바람, 지진, 불 가운데도 하나님은 계시지 않았습니다.

④ 그리고 세미한 소리가 있었습니다.

■ 13절에서 엘리야는 '세미한 음성' 으로 하나님의 말씀을 들습니다. 바로 이러한 세미한 음성에 대해서 많은 해석들이 있습니다.

① 하나님의 계시는 굉장한 자연현상들 속에서가 아니라 평범한 일상생활 속에서 발견된다는 해석입니다.

② 세 가지의 격렬한 현상들은 세 명의 과격한 인물들인 하사엘, 예후 그리고 엘리사를 예고하는 반면에 고요하고 작은 음성은 바알에게 무릎을 꿇지 아니한 7천 명을 가리킨다고 해석합니다.

③ 여호와의 말씀은 알아들을 수 있고, 또 바알의 천둥소리를 능가합니다.

④ 엘리야에게 들려진 이 세미한 음성은 그가 하나님의 선지

자로 남아 있도록 확신시켜 주는 개인적이고, 인격적인 계시입니다.

⑤ 폭풍(시 18:12~14), 지진(삿 5:5), 불(사 30:27)은 하나님께서 나타나실 때 동반되는 자연적인 현상들입니다. 하나님의 음성이 들려지는 것이라는 말입니다. 따라서 하나님은 폭풍, 지진, 불과도 관련되어 있고, 그리고 하나님은 조용한 가운데 말씀을 전하십니다.

■ 14절에서는 하나님께서 영적 침체에 있는 엘리야의 하소연을 다시 한 번 들어주십니다(10절에서 이미 언급했음). 이처럼 하나님은 엘리야의 불평을 다 들어주십니다.

그래서 예수님은 마태복음 11장 28~30절에서 "수고하고 무거운 짐진 자들아 다 내게로 오라 내가 너희를 쉬게 하리라"고 하셨습니다.

■ 15~18절에서 하나님은 영적 침체 속에서 불평한 엘리야에게 다시금 사명을 맡기십니다.

① 다메섹에 가서 하사엘에게 기름을 부어 아람 왕이 되게 하고,

② 님시의 아들 예후에게 기름을 부어 이스라엘의 왕이 되게 하고,

③ 아벨므홀라 사밧의 아들 엘리사에게 기름을 부어 엘리야를 대신하여 선지자가 되게 하라고 하셨습니다.

④ 그리고 바알에게 무릎을 꿇지 아니한 7천 명이 이스라엘 땅에 있다고 하십니다. 즉 하나님만을 섬기는 사람이 엘리야

만 남은 것이 아니며 동료가 많이 있다는 것입니다.

⑤ 예언자 엘리야의 탈진과 영적 침체에 대해 하나님은 새로운 과업을 맡기시며 미래에 대한 영광된 약속을 주심으로 치료하십니다. 이러한 하나님의 역사를 보면서 하나님은 죽겠다는 엘리야를 죽도록 내버려 두시는 분이 아니라 새롭게 사명을 주셔서 존귀한 인생을 살게 하시는 것을 볼 수 있습니다.

로마서 8장 30절 "미리 정하신 그들을 또한 부르시고 부르신 그들을 또한 의롭다 하시고 의롭다 하신 그들을 또한 영화롭게 하셨느니라"는 말씀처럼 하나님은 하나님을 사랑하는 자에게 모든 것이 합력하여 선을 이루게 하십니다.

셋째, 엘리사를 부르는 엘리야(19~21절)

■ 19절에서 엘리야는 15절에서 하나님으로부터 받은 사명을 감당하기 위하여 다메섹 광야로 가는 길에 엘리사를 만나게 됩니다.

① 여기서 엘리사는 열두 겨리 소를 앞세우고 한 줄로 밭을 갈고 있는 열두 사람의 일꾼을 관할하고 있었습니다. 이것은 엘리사가 엄청난 부잣집 사람임을 보여 줍니다(여기서 한 겨리는 두 마리의 소를 가리킵니다).

② 엘리야는 겉옷을 엘리사에게 던졌습니다. 이는 예언적 권위가 엘리사에게 옮겨졌음을 뜻하는 행동이었습니다.

■ 20절에서 엘리사는 엘리야의 부름에 즉시 응답했습니다.

① 엘리사는 엘리야에게 부모님에게 입맞추고 마지막 인사를 할 수 있도록 부탁했습니다.

② 여기에 대한 엘리야의 반응은 애매모호했습니다.

마태복음 8장 21~22절에서 "내 부친을 장사하게 허락하옵소서"라고 한 제자에게 예수님은 "죽은 자들로 저희 죽은 자를 장사하게 하고 너는 나를 좇으라"고 하셨습니다. 또한 누가복음 9장 62절에서는 "손에 쟁기를 잡고 뒤를 돌아보는 자는 하나님의 나라에 합당치 아니하니라"고 하셨습니다.

엘리야의 말은 이러한 예수님의 말씀에 비해서 애매모호했습니다.

■ 21절에서 엘리사는

① 소 한 겨리(두 마리)를 잡았습니다.

② 그리고 소의 기구를 불살랐습니다.

③ 후에 엘리야를 좇으며 수종든 것을 알 수 있습니다.

④ 이러한 엘리사의 행동은 뒤를 돌아다보지 않겠다는 것이고, 오직 전적으로 하나님께 헌신하겠다는 의미입니다.

■ 이러한 엘리사의 행동은 예수님의 제자들이 그물과 배를 버려두고 예수님을 좇은 행동과도 같습니다.

오늘 예수님을 따르는 우리도 과거와는 단절해야 하고, 그리고 손에 쟁기를 잡고 뒤를 돌아봐서는 안 됩니다. 즉 우리의 충성심을 앗아가는 모든 것들은 불살라져야 한다는 것입니다. 그래서 오직 하나님께만 충성해야 합니다.

결론

우리가 하나님을 따라서 섬기는 영적인 일에는 항상 열정으로 가득 찬 것이 아니라 때로는 영적으로 침체되는 때도 있음을 알게 됩니다. 이러한 영적 침체가 두려움, 오직 자기 자신만 보는 눈, 그리고 어두운 면만 쳐다볼 때 일어나는 것을 우리도 알 수 있습니다.

이렇게 하나님의 백성이 영적 침체에 있을 때 하나님은 모르는 체하지 않으십니다. 또한 버리지도 아니하십니다. 친히 찾아오셔서 굴 밖으로 나오게 하시고, 우리의 무거운 짐을 내려놓게 하시고, 새로운 사명을 주셔서 새롭게 하나님의 일을 하게 하시는 것을 알 수 있습니다.

따라서 우리는 때로 영적 침체가 올 때 하나님께 나아가서 첫째로 무거운 짐을 내려놓고, 둘째로는 나를 보는 눈에서 하나님을 바라보며 셋째, 부정적인 면을 보는 눈을 들어서 7,000명의 믿음의 동지가 있음을 보아야 합니다. 그리고 하나님이 주시는 새로운 사명을 받으시기를 바랍니다. 그 사명을 충성을 다해 감당하셔서 엘리야처럼 존귀한 삶, 승리의 삶을 사시기를 바랍니다.

아합, 은혜를 배반하다

열왕기상 20:1~43

마태복음 23장 37절에 보면 예수님께서 예루살렘을 보시면서 하신 말씀이 나옵니다. "예루살렘아 예루살렘아 선지자들을 죽이고 네게 파송된 자들을 돌로 치는 자여 암탉이 그 새끼를 날개 아래 모음같이 내가 네 자녀를 모으려 한 일이 몇 번이더냐 그러나 너희가 원하지 아니하였도다"라고 하였습니다.

이처럼 성경을 보면 하나님께서 죄인들에게 회개할 기회를 여러 번 주시는 것을 알 수 있습니다. 사무엘상 13장에 보면 이스라엘의 초대 왕 사울이 제사장이 하나님께 드리는 제사를 집례해야 하는데 사무엘이 늦게 온다고 자신이 제사를 집례한 이야기가 나옵니다. 이에 대해서 제사장 사무엘이 사무엘상 13장 13절에서 "사무엘이 사울에게 이르되 왕이 망령되이 행하였도다 왕이 왕의 하나님 여호와께서 왕에게 내리신 명령을 지키지 아니하였도다"라고 했습니다.

그런데 이러한 사울 왕에게도 하나님은 은혜를 베푸셔서 블레셋과의 전쟁에서 승리하게 하시고, 사무엘상 15장에서는 아말렉과의 전투에서 승리하게 하십니다. 이렇게 하나님께서 친히 전쟁의 용사로 임하셔서 아말렉과의 전쟁에서 승리를 거두게 하셨으면 전리품을 하나님의 명령대로 다 불태워서 하나님께 바쳐야 했습니다.

그러나 사울 왕은 사무엘상 15장 9절에 보면 "사울과 백성이 아각과 그 양과 소의 가장 좋은 것 또는 기름진 것과 어린 양과 모든 좋은 것을 남기고 진멸하기를 즐겨 아니하고 가치 없고 하찮은 것은 진멸하니라"고 하였습니다. 이에 대해서 사무엘 선지자는 사울 왕에게 사무엘상 15장 19절에서 "어찌하여 왕이 여호와의 목소리를 청종하지 아니하고 탈취하기에만 급하여 여호와의 악하게 여기시는 일을 행하였나이까"라고 하였습니다.

죄지은 사울 왕에게 하나님이 베푸시는 은혜를 사울 왕은 또 배반합니다. 신약에서 예수님은 가룟 유다에게 회개할 기회를 여러 번 주셨지만 그는 기회를 다 버리고 예수님을 은 30에 팔았던 것과 유사합니다. 오늘 우리가 읽은 열왕기상 20장에서도 하나님께서 죄지은 아합 왕에게 베푸신 은혜를 그가 배반하는 것을 볼 수 있습니다. 또한, 이처럼 은혜를 배반하고 기회를 잃어버린 자를 하나님께서 심판하시는 것을 볼 수 있습니다.

첫째, 아합과 벤하닷 사이의 협상(1~12절)

■ 1절에서 아람 왕 벤하닷 2세가 그에게 예속된 32명의 열왕

들과 함께 말과 전차를 이끌고 사마리아 성을 포위하면서 공격했습니다. 다윗, 솔로몬 왕 시대에 아람은 이스라엘의 속국이었습니다. 그런데 왕국 분열 후 남유다 아사 왕 시대에 벤하닷 1세가 아사 왕의 요청에 따라 북쪽 이스라엘의 갈릴리 지역에 위치한 몇 개의 성읍들을 침공했습니다(왕상 15:18~20).

■ 2~3절에서 벤하닷 2세는 먼저 북이스라엘로 하여금 아람의 봉신 국가가 될 것을 요구했습니다. 그것에 대한 공식 문구가 3절입니다. "네 은금은 내 것이요 네 아내들과 네 자녀들의 아름다운 자도 내 것이니라"는 말입니다.

■ 4절에서 북이스라엘의 일곱 번째 왕인 아합은 아람 왕 벤하닷에게 "내 주 왕이여"라고 하면서 봉신처럼 고분고분하게 복종하고 있습니다.

■ 5~6절에서 벤하닷은 두 번째로 사신을 아합에게 보내면서 종주-봉신 조약이 체결되었을 때 이루어진 내용을 실제로 집행을 하겠다 말합니다. 여기에는 아합 왕의 왕실 가족들도 인질로 잡아가겠다는 내용이 들어 있습니다. 이 구절에서 우리는 벤하닷이 아주 오만한 사람임을 알 수 있습니다.

■ 7~8절에서 아합 왕은 장로들을 다 불러서 아람 왕 벤하닷의 요구를 이야기했습니다. 그러면서 아합 왕은 벤하닷의 요구에 "거절하지 못하였노라"고 했습니다. 이에 대해서 장로들은 왕에게 말하기를 "왕은 듣지도 말고 허락하지도 마옵소서"라고 했습니다.

■ 9절에서 아합 왕은 고분고분한 자세로 아람 왕 벤하닷의 요구를 거절했습니다. 여기서도 아합 왕은 자신을 '종'이라고 하였

고, 아람 왕 벤하닷을 '내 주 왕' 이라고 불렀습니다.

■ 10~12절에서

① 아합 왕의 거절을 들은 벤하닷은 사마리아를 완전히 멸망시키겠다고 호언장담하고 있습니다. 만약 자신이 사마리아를 멸망시키지 아니하면 "신들이 내게 벌 위에 벌을 내림이 마땅하니라" 고 했습니다. 이 말은 아합 왕의 부인인 이세벨이 열왕기상 19장 2절에서 엘리야를 죽이겠다고 할 때 쓴 말입니다.

② 이에 대해서 아합 왕은 그 당시의 속담인 "갑옷 입는 자가 갑옷 벗는 자같이 자랑하지 못할 것이라" 는 말을 인용했습니다. 이는 "짓기도 전에 성전을 봉헌했다는 말을 하지 말라" 는 속담입니다. 다시 말해서 '길고 짧은 것은 대봐야 안다' 는 의미입니다.

③ 이에 대해서 벤하닷은 32명의 다른 왕들과 장막에서 술 취해 있다가 전투 명령을 내렸습니다.

④ 여기서 다시금 벤하닷의 교만을 볼 수 있습니다.

둘째, 두 번의 전쟁(13~30절)

■ 13절에 아람과의 전쟁을 앞둔 아합에게 한 선지자가 나아가서 이런 말을 합니다. "여호와의 말씀이 네가 이 큰 무리를 보느냐 내가 오늘 그들을 네 손에 넘기리니 너는 내가 여호와인 줄을 알리라 하셨나이다" 라고 했습니다. 우상숭배로 하나님께 범죄한 아합 왕에게도 하나님께서는 은혜를 베푸셨습니다. 이처럼 하나님은 채

찍과 징계를 통해서 하나님을 알게 하시지만 크신 은혜를 통해서도 하나님을 알게 하십니다.

■ 14~15절에서 선지자는 아합에게 어떻게 전쟁할 것인가를 가르쳐 주었습니다.

① 각 도의 소년을 모으라고 했습니다. 그리고 그들이 전쟁에서 앞장서라는 했습니다. 바로 이 소년들이 232명이었습니다.

② 그리고 정규군이 7,000명이었습니다.

■ 16~27절에서

① 정오에 232명의 북이스라엘의 젊은이들이 아람 군대 있는 쪽으로 나아갔습니다.

② 정오에 술 취해 있었던 벤하닷은 적은 숫자가, 그것도 아이들이 전쟁하러 나오는 것을 보고 교만하여 화친하지 말고 모조리 죽이라고 했습니다.

③ 그때 정규군이 나가서 전쟁에 임했습니다. 그때 아람 군대의 전열이 뚫렸고 아람 군대는 도망갔습니다. 이렇게 해서 북이스라엘은 아람 군대와의 1차 전쟁에서 승리했습니다.

■ 22절에서 전쟁의 승리를 예언한 그 선지자가 다시금 아합 왕에게 나아가서 충고합니다.

① 원정의 계절이 다가오면 벤하닷은 다시 공격해온다고 충고합니다.

② 따라서 아합 왕은 군대의 힘을 기르라고 합니다.

■ 23~25절에서 아람 왕 벤하닷은

① 23절에서 하나님에 대해서 모욕적인 묘사를 하고 있습니

다. 바로 여호와 하나님은 산의 신이라는 것입니다. 예를 들자면, 그리스에서 포세이돈은 바다의 신이고 아레스는 전쟁의 신이며 아폴로는 태양의 신이라 했듯이 하나님을 산의 신이라고 한 것입니다.

② 그래서 벤하닷은 하나님께서 사마리아와 같은 고산지대에서는 강하지만 평지에서는 약하리라고 생각했습니다.

③ 따라서 그들은 잃어버린 군대를 다시 재정비하고 말과 병거들도 채웠습니다.

■ 26~30절에서 아합과 아람 왕 벤하닷 사이에 두 번째 전쟁이 벌어졌습니다.

① 아벡이라는 평지에서 벌어졌습니다.

② 27절에서 이스라엘 군대는 두 무리의 적은 염소 떼와 같았고 아람 군대는 땅에 가득했습니다.

③ 28절에서 하나님의 사람이 아합 왕에게 여호와 하나님을 모욕한 아람 군대를 당신의 손에 붙이리니 당신이 승리할 것이라고 했습니다. 그리고 다시금 "너희는 내가 여호와인 줄 알리라"고 하신 하나님의 말씀을 전했습니다.

④ 7일 동안 전쟁한 결과 북이스라엘 군대는 아람 군대를 하루에 10만 명 죽였습니다. 또한 아벡 성이 무너져서 그 무너짐에 깔려 죽은 자가 7,000명이 되었습니다. 벤하닷은 도망가서 성읍에 있는 한 골방에 숨었습니다(여리고 성이 무너지듯이 아벡 성이 무너진 것입니다).

⑤ 이 전쟁에서 여호와 하나님은 그들의 생각처럼 '산의 신'

이 아니라 언제 어디서나 만물을 다스리는 전능하신 하나님 이심을 보여 주셨습니다.

셋째, 아합 왕의 실수(31~43절)

■ 31~33절에서 전쟁에서 패배한 아람 군대의 장군들이 굵은 베로 허리를 묶고 테두리를 머리에 쓰고 눈물을 흘리면 이스라엘 왕 아합이 자기들의 생명을 살려 줄 것이라고 생각합니다. 그래서 그대로 자신들을 꾸미고 이스라엘의 왕 아합에게로 나아갔습니다. 그리고는 "왕의 종 벤하닷이 청하기를 나의 생명을 살려 주옵소서 하더이다" 라고 했습니다.

얼마 전까지만 해도 벤하닷은 주인이었고 이스라엘 왕 아합은 종이었습니다. 그런데 지금은 뒤집힌 것입니다. 처음 된 자가 나중 되고, 나중 된 자가 처음 된 것입니다. 그런데 문제는 이스라엘 왕 아합이 하나님을 모욕한 아람 왕 벤하닷을 징벌하지 않고 '나의 형제' 라고 한 것입니다.

■ 34절에서는 아합이 벤하닷을 '나의 형제' 라고 부르는 말을 듣고 아람 군대 장군들이 '좋은 징조' 로 받아들입니다. 그리고 말하기를

① 벤하닷(아람 왕)은 아합(이스라엘 왕)의 형제입니다.

② 그래서 벤하닷 1세가 이스라엘로부터 빼앗은 갈릴리 성읍들을 돌려주겠습니다.

③ 다메섹에 살고 있는 이스라엘 상인들에게 상업용 공간과 거주지를 공급하겠습니다.

④ 이처럼 아합은 벤하닷 2세와 약속을 하고 벤하닷을 풀어 주었던 것입니다.

■ 35~41절에서는 이러한 아합의 행동을 하나님께서 심판하시는 것을 볼 수 있습니다.

① 아합이 두 번씩이나 아람 군대를 무찌를 수 있었던 것은 하나님께서 그 전쟁을 승리하게 하신 것입니다(20:13~22, 선지자의 말씀)

② 따라서 이 전쟁은 하나님께서 친히 싸우신 '거룩한 전쟁' 입니다(신명기 20:1~18, 16절 "호흡 있는 자를 하나도 살리지 말지니" 라고 했습니다).

③ 따라서 하나님의 법대로 아람 군대를 진멸해야 했습니다. 그러나 아합은 하나님을 모욕한 벤하닷을 살려 주었습니다. 이것은 마치 사울 왕이 아말렉 왕 아각을 살려 두었다가 하나님의 심판을 받은 것과 마찬가지입니다.

④ 아합은 하나님의 은혜로 전쟁에 승리를 거두었으면 하나님의 말씀대로 모든 전리품을 하나님께 바쳐야 했습니다.

⑤ 아합이 이처럼 하나님의 원칙을 지키지 않음으로 하나님의 심판을 자초하는 것을 볼 수 있습니다.

⑥ 본문에서 하나님은 하나님의 명령에 불순종한 사람이 돌아가는 길에 사자에게 죽임당한 심판을 받게 된 두 가지 예를 보여 주십니다.

■ 42절에서 선지자는 아합 왕에게 "여호와의 말씀이 내가 멸하기로 작정한 사람을 네 손으로 놓았은즉 네 목숨은 그의 목숨을 대

신하고 네 백성은 그의 백성을 대신하리라 하셨나이다" 라고 하나님의 말씀을 전하였습니다.

■ 43절에서 이 말을 들은 아합 왕은 근심하고 답답해하면서 궁으로 돌아갔다고 했습니다. 그리고 3년 후에 아합은 아람과의 전쟁에서 패하여 죽고 말았습니다. 하나님의 말씀이 그대로 이루어진 것입니다.

결론

우리는 인간인 고로 때로 하나님의 말씀에 불순종 할 때도 있습니다. 그러할 때 긍휼이 많으신 하나님은 우리로 하여금 죄악된 길에서 돌아서도록 기다려 주시고, 깨우쳐 주시고 또한 은혜를 베푸십니다. 이렇게 죄 많은 자를 용서해 주시고 은혜를 베푸시는 하나님의 사랑을 받은 자는 그 은혜에 보답하는 생활을 해야 합니다. 만약 그 은혜를 배반하면 하나님은 심판하시는 것을 볼 수 있습니다. 여로보암이 하나님의 은혜를 배반해서 심판을 받았고, 아합도 하나님의 은혜를 배반해서 심판을 받게 된 것처럼 말입니다. 성도 여러분, 우리는 이 시간도 하나님의 은혜 가운데 살고 있습니다. 그러니 은혜 받은 자답게 하나님의 말씀에 순종하시고 하나님의 원칙에 따르시기를 바랍니다. 우리 마음대로 하나님의 원칙을 어기면서 죄를 그냥 두어서는 안 됩니다. 죄는 버려야 합니다. 만약 하나님의 원칙을 어기면서 죄를 놓아 두면 바로 그 죄가 나를 멸망케 하는 것입니다.

성도 여러분, 은혜 받은 자답게 하나님의 말씀에 온전히 순종하는 삶을 살아서 더 큰 복을 받으시기를 바랍니다.

나봇의 포도원 탈취

열왕기상 21:1~29

구약성경을 공부하면서 깨닫는 중요한 진리는 사람이 권력을 가졌을 때, 그 가진 권력으로 지나치게 힘을 과시하면 죄를 저지르게 된다는 것입니다.

다윗 왕도 사무엘하 11장에서 그가 가진 권력으로 우리아의 아내 밧세바를 취했고, 또한 우리아 장군을 전쟁터에서 죽게 했습니다. 하나님께서는 절대로 이 일을 지나치지 아니하셨고, 선지자 나단을 보내서 죄악을 깨닫게 하신 것을 볼 수 있습니다. 또한 이 일로 말미암아 다윗의 집안에는 끊임없는 고난이 있었습니다.

오늘 우리가 읽은 열왕기상 21장에서도 아합 왕이 아람과의 두 번의 전쟁에서 승리한 후 계속해서 악을 행하고 있음을 알 수 있습니다. 바로 아합의 별장이 있는 이스르엘에 인접해 있는 아름다운 포도원을 갖고 싶어한 것입니다. 그리고 결국에는 그 나봇의 포도원을 탈취하는 죄를 저지르는 것을 볼 수 있습니다. 이 일로 말미암아 아합과 그 아내 이세벨에게 하나님께서 재앙을 내리셨습니다. 이렇게 해서 오므리 왕조가 끝이 나게 됩니다.

이처럼 권력자가 자기 탐욕을 채우기 위해서 힘을 남용할 때 자신도 불행해지고 나라 전체도 불행해집니다.

첫째, 아합과 나봇의 대화(1~4절)

■ 1~2절에서 "그 후에 이 일이 있으니라"고 했습니다.

① 아벡 전투(왕상 20:26~34)가 끝난 후 이스라엘에 잠시 평화의 시기가 도래했음을 알 수 있습니다.

② 바로 그 평화의 시기에 아합 왕은 자기 별장에 인접해 있는 크고 아름다운 포도원을 갖고 싶어 했습니다.

③ 그래서 아합 왕은 포도원의 주인인 나봇에게 제안을 합니다. 그 포도원을 자기에게 넘기라는 제안이었습니다. 그러면 대토를 주든지, 그 포도원에 해당하는 값을 치르겠다고 합니다.

④ 그런데 여기서 아합이 나봇의 포도원을 원하는 이유는 그 포도원을 '나물밭'으로 사용하기 원해서입니다. 구약성경에 나오는 은유를 보면 포도원(사 3:14, 5:1~7; 렘 12:10)은 하나님의 돌보심을 받고 가꾸어지는 곳으로 묘사되고 있습니다. 즉, 아합은 하나님께서 주신 땅인 포도원을 애굽식 채소밭으로 바꾸려고 했습니다.

■ 3절에서 나봇은 하나님께서 자기 조상에게 주신 땅을 팔거나 대토를 받으며 넘기는 것을 원하지 않는다고 하면서 아합의 제안을 거절했습니다.

① 여기서 한 번 더 생각할 것은 아합 왕의 요구를 거절한 나봇은 용기 있는 사람입니다. 동시에 하나님의 말씀에 따르겠다는 분명한 믿음의 결단을 한 사람임을 알 수 있습니다.

② 원래 이스라엘의 토지는 하나님의 소유로서 개인이 함부로 사고팔 수 있는 것이 아니었습니다. 하나님께서 각 지파의 크기와 필요에 따라서 직접 지파별로, 부족별로 나누어 주셨습니다. 그래서 그 지파 자손 대대로 물려주는 땅은 개인적 필요나 이득을 위해 함부로 사고 팔 수가 없었습니다.

레위기 25장 23절에 보면 "토지를 영구히 팔지 말 것은 토지는 다 내 것임이라 너희는 거류인이요 동거하는 자로서 나와 함께 있느니라"고 하였습니다.

■ 4절에서 나봇은 포도원을 하나님이 자기 조상에게 주신 유업(기업, inheritance, 나할라)이라고 했습니다. 기업은 한 세대에서 다음 세대로 넘어가는 재산을 가리킵니다. 동시에 신약에서는 성도의 기업은 곧 영생과 하나님 나라에 참여하는 것을 의미하고 있습니다(엡 1:18; 골 1:12). 거절당한 아합은 깊은 좌절감을 느낀 채 집으로 돌아갔습니다. 그리고 침상에 누워서 식음을 전폐했습니다.

둘째, 이세벨의 음모와 나봇의 포도원 강탈(5~16절)

■ 5~7절에서

① 먼저 이세벨은 남편 아합이 자포자기하고 있는 이유를 알아보았습니다.

② 그리고 이세벨은 나봇의 포도원을 강탈하는 일에 나서는 것을 볼 수 있습니다.

③ "왕이 지금 이스라엘 나라를 다스리시나이까?" 라는 말은 냉소적인 말임과 동시에 '자, 이제 이스라엘 왕으로서 왕권을 행사하소서' 라는 뜻이 있습니다.

④ 그리고는 금식하는 남편에게 일어나서 음식을 먹고 마음을 즐겁게 하라고 합니다. 자신이 나봇의 포도원을 왕의 것으로 만들어 주겠다는 것입니다.

■ 8~10절에서 이세벨이 나봇의 포도원을 빼앗기 위해서 음모를 꾸미는 것을 볼 수 있습니다.

① 이세벨은 왕의 권위를 양도받아서 이스르엘 지역에 살고 있는 두 집단에게 왕의 이름으로 편지를 썼습니다.

② 여기서 '귀인들' 은 왕으로부터 토지를 하사받아서 점유하고 있는 귀족들입니다. 또한 '장로' 들은 이스르엘 지역의 지도자들을 가리킵니다.

③ '금식' 을 선포한 것은 나봇이 하나님의 율법을 어겼다는 죄책을 알리는 반응일 수도 있고, 아니면 단순히 긴급 재판을 열기 위해서 정규적인 사회활동을 정지시키는 수단일 수도 있습니다.

④ 나봇을 사람들의 첫 줄에 앉혔습니다. 이것은 더욱더 극적

으로 재판을 진행하려는 의도가 있는 것입니다.

⑤ 비류 두 사람을 나봇 앞에 세워서 거짓 증거하게 했습니다. 그것은 나봇이 하나님과 왕을 저주했다는 것입니다.

⑥ 그리고 "그를 끌고 나가서 돌로 쳐 죽이라"고 했습니다.

■ 11~14절에서는 8~10절에서 이세벨이 세운 음모대로 실행하는 것을 볼 수 있습니다.

① 여기서 이세벨은 하나님의 율법을 자신의 사악한 계획을 위하여 악용하고 있습니다.

② 마치 예수님을 율법 재판에 세우고 거짓 증인들을 세워서 십자가의 죽음으로 몰고 간 대제사장들과 서기관들과 그 밖의 무리들과 같습니다.

③ 그래서 십계명 제9계명에서 "거짓 증거하지 말라"고 한 것입니다. 거짓 증거가 사람을 죽음으로 내몰았습니다.

■ 15~16절에서 결국 나봇은 거짓 증인들의 증거로 말미암아 돌에 맞아 죽었습니다. 이 소식을 들은 이세벨은 곧바로 남편인 아합에게 전했습니다. 아합은 이 소식을 듣고 침상에서 일어나서 나봇의 포도원을 접수했습니다. 그는 나봇의 억울한 죽음에 대해서는 아무런 관심도 없었습니다. 단지 자신의 욕심만을 채우는 악한 아합의 모습이있습니다. 성경은 야고보서 1장 15절에서 "욕심이 잉태한즉 죄를 낳고 죄가 장성한즉 사망을 낳느니라"고 하였습니다.

셋째, 예언자의 탄핵(17~29절)

■ 17~19절에서 하나님은 선지자 엘리야에게 사명을 주십니다. 그것은 나봇을 죽이고 그의 포도원을 강탈한 아합에게 가서 하나님의 심판을 선언하라고 하신 것입니다. 그리고 그 심판 선언 내용은 "여호와의 말씀이 개들이 나봇의 피를 핥은 곳에서 개들이 네 피 곧 네 몸의 피도 핥으리라"고 하신 것입니다.

■ 20절에서 아합이 엘리야에 대한 감정이 좋지 않음을 알 수 있습니다. 그래서 전에는 아합이 엘리야에게 "이스라엘을 괴롭게 하는 자"(왕상 18:17)라고 했었습니다. 그러나 지금은 '대적자'(enemy)라고 부르고 있습니다.

■ 21~26절에서 아합과 이세벨에게 내려지는 심판을 볼 수 있습니다.

① 하나님은 아합이 '악'을 행하였기에 때문에 '재앙'으로 되갚으신다는 것입니다.

② 오므리 왕조의 몰락을 예언하고 있습니다. 그것은 느밧의 아들 여로보암의 집처럼, 바아사의 집처럼 망할 것이라는 것입니다.

③ 이는 그가 지나친 욕심으로 악을 행했고, 하나님의 말씀에 불순종함으로 하나님의 노를 격동했고, 우상숭배로 말미암아 이스라엘 백성들로 범죄케 했기 때문입니다.

④ 그리고 아합을 충동질해 죄를 짓게 한 악한 왕후 이세벨에게도 하나님의 심판이 내려졌습니다. "개들이 이스르엘 성

곁에서 이세벨을 먹을지라" 였습니다.

■ 27~29절에서 아합은 엘리야의 심판 선언을 듣고 그 옷을 찢고 굵은 베로 몸을 동이고 금식하기 시작했습니다.

① 죄를 애통해하며 뉘우쳤습니다.

② 이런 행동은 가식이 아니라 진심이었습니다.

③ 하나님은 이처럼 회개하는 아합을 받으셨습니다. 예레미야애가 3장 22절에 "여호와의 인자와 긍휼이 무궁하시므로 우리가 진멸되지 아니함이니이다" 라고 했습니다.

④ 그래서 아합에게 선포된 하나님의 심판은 아합 시대에 내려지지 않고 그의 아들 요람 시대에 가서 내려지게 됩니다.

⑤ 이를 통해 우리는 참으로 하나님은 긍휼과 자비가 많으신 분임을 알 수 있습니다. 아합이 저지른 그 죄악을 생각하면 아합은 하나님의 자비를 받을 수 없는 사람입니다. 그럼에도 불구하고 진심으로 회개하는 자에게 자비와 긍휼을 베푸시는 하나님을 볼 수 있습니다.

이사야 55장 7절에서 "악인은 그 길을, 불의한 자는 그 생각을 버리고 여호와께로 돌아오라 그리하면 그가 긍휼히 여기시리라 우리 하나님께로 돌아오라 그가 너그럽게 용서하시리라" 고 했습니다.

결론

사람이 권력을 가졌을 때 더욱 겸손하고 욕심을 버려야 합니다. 그러나 사람이 권력을 가졌을 때 욕심을 품으면 악을 행하게 되고 하나님의 말씀에 불순종해서 하나님을 격노케 하며 하나님을 떠나 우상숭배하는 범죄를 저지르게 됩니다. 그러면 결국 하나님의 무서운 심판을 받게 되는 것입니다.

성도 여러분, 권력이 주어졌을 때 겸손하십시오. 탐욕을 버리시고 가진 것에 대해서 감사하십시오. 또한 언제든지 하나님의 말씀에 순종하십시오. 그리고 하나님 한 분만을 섬겨서 하나님께 영광을 돌리시기를 바랍니다.

하나님은 심령이 가난한 자에게 천국을 주시고, 온유한 자에게 땅을 기업으로 주십니다. 성도 여러분은 일평생 동안 심령이 가난한 자, 온유한 자가 되어서 하나님께 영광을 돌리시고 하나님이 내리시는 복을 누리며 사시기를 바랍니다.

아합의 죽음

열왕기상 22:1~53

나라를 다스리는 지도자가 내려야 하는 가장 힘들고 어려운 결정 중에 하나는 전쟁입니다. 전쟁은 국민들의 생명과 재산, 그리고 나라의 운명까지도 걸어야 하는 엄청난 도박입니다. 세계 역사를 보면 전쟁의 참상을 경험해 본 사람과 나라는 평화가 얼마나 소중한지를 알기에 함부로 전쟁에 뛰어들지 않습니다.

그래서 1차 세계 대전 후에 세계 여러 나라들이 국제연맹을 만들어서 전쟁을 피하려고 했습니다. 2차 대전 후에는 현재 UN인 국제연합을 만들어서 전쟁을 피하려는 노력을 하고 있습니다. 그러나 우매한 왕일수록 백성의 희생을 생각하지 않고 자신들의 목표와 욕심을 채우기 위해 나라를 전쟁 상황으로 몰아갑니다.

열왕기상 21장에서 우리는 아합이 죄없는 나봇을 죽이면서까지 그의 포도원을 강탈해 갔지만 엘리야 선지자의 심판 선언을 듣고 진심으로 회개해서 하나님으로부터 용서를 받고 그에 대한 심판이 지연된 것을 보았습니다.

이렇게 하나님의 긍휼과 자비의 은혜를 받았으면 계속해서 하나님과 사람 앞에 겸손하게 행해야 함에도 불구하고 나라가 평안해지니까 안타깝게도 다시 강퍅해지는 것을 볼 수 있습니다. 따라서 다시 한 번 아람과의 전쟁을 하게 됩니다.

지난번 열왕기상 20장에 나오는 아람과의 두 번의 전쟁은 하나님의 개입으로 승리를 거두었습니다. 그러나 3년 뒤에 치러진 아람과의 전쟁은 아합 왕 자신이 하나님의 심판을 받아 전사하는 전쟁이 되었습니다. 우리는 본문에서 하나님께 불순종하고 악을 행하는 우매한 지도자의 말로가 얼마나 비참한가를 볼 수 있습니다.

첫째, 아합과 선지자 미가야(1~28절)

■ 1~4절에서 아합 왕이 남유다 왕인 여호사밧에게 함께 아람을 쳐서 '길르앗 라못' 을 되찾아오자는 제안을 하는 것을 볼 수 있습니다. 여기서 짚고 넘어가야 할 것은 왜 전쟁을 하게 되었는가입니다.

① 3년 전 아람과의 2차 전쟁은 하나님께서 함께하신 전쟁이었기 때문에 거룩한 전쟁(Holy War)이었습니다. 그래서 당연히 아합은 아람 왕 벤하닷 2세를 죽여야 했습니다.

② 그런데 아합은 하나님의 말씀에 불순종하고 벤하닷의 제의에 속아서 그를 놓아 주었습니다. 그때 벤하닷 2세가 제안

한 것은 자신의 아버지 벤하닷 1세가 이스라엘로부터 빼앗은 성읍들을 모두 이스라엘에게 돌려줄 것이며 아람의 수도인 다메섹에서 이스라엘 사람들의 자유로운 상업 활동을 보장함이었습니다.

③ 그런데 이런 약속을 한 지 3년이 지났어도 벤하닷 2세는 성읍들을 돌려주지 않았습니다. 바로 그 성읍 중의 하나가 '길르앗 라못' 입니다.

④ 그 동안 벤하닷 2세는 이스라엘에 대한 복수의 칼을 갈았고, 군대 확장에 전력을 기울이고 있었던 것입니다.

■ 왜 아합은 남유다 왕 여호사밧에게 도움을 요청했을까요?

① 아람과 전쟁을 하는 것은 쉬운 일이 아니었습니다. 그래서 협력을 구했던 것입니다.

② 게다가 아합 왕의 딸 '아달랴' 는 여호사밧 왕의 아들 여호람의 아내가 되었습니다(대하 21:6). 그러니 북이스라엘 왕 아합과 남유다 왕인 여호사밧은 사돈관계가 되었던 것입니다.

③ 북왕국 이스라엘의 아합과 남왕국 유다의 여호사밧과의 혼인동맹은 같은 민족이 화합한다는 의미에서 좋은 일로 보입니다. 그리고 남과 북이 연합해서 외세를 침략한다는 것도 좋은 일처럼 보입니다.

그러나 이것은 어디까지나 세상적인 논리요, 정치적인 계산에서 나온 일들입니다. 중요한 것은 이러한 일이 과연 하나님께서 허락하신 일인가, 혹은 하나님 앞에 합당한 일인가 하는 것입니다.

■ 5~6절에서 남유다 왕 여호사밧이 아합에게 제안을 합니다. 전쟁을 시작하기 전에 하나님의 뜻을 알아보자고 말입니다. 열왕기상 20장에서도 아람과의 전쟁에서 하나님의 뜻을 알아본 것을 볼 수 있습니다(왕상 20:13~14, 28). 따라서 아합은 선지자 400명을 불렀습니다. 바로 이 400명에게 아합이 물었습니다. "내가 길르앗 라못에 가서 싸우랴, 말랴?" 그랬더니 400명의 선지자들이 "올라가소서. 주께서 그 성을 왕의 손에 붙이시리이다"라고 했습니다.

■ 7~15절에서 남유다 왕인 여호사밧은 두 번째 의견을 요구했습니다.

① 이에 대해서 아합은 '이믈라의 아들 미가야'라는 예언자가 있는데 그가 언제나 길한 일은 예언하지 않고 흉한 일만 예언한다고 했습니다. 그래서 아합 왕은 미가야를 미워한다고 했습니다.

② 여호사밧은 미가야의 예언을 듣자고 합니다. 그래서 아합은 내시를 시켜서 미가야를 수배하였습니다.

③ 그리고 미가야를 찾으러 간 사자가 미가야를 만난 뒤에 이런 말을 했습니다. "400인의 예언자들이 아람과의 전쟁에서 길한 예언을 했으니 미가야 당신도 그들처럼 예언하라."

④ 드디어 사마리아 성문 앞 광장에서 아합 왕과 여호사밧 왕이 왕복을 입고 보좌에 앉아 있었고 그 앞에 400인의 선지자들이 서서 다시 한 번 예언하게 되었습니다. 그때 400인의 선지자 중에 대표 격인 그나아나의 아들 시드기야가 철로 뿔들을 만들어서 말하기를, "하나님께서 이 뿔들로 아람 사람들

을 찔러 진멸하리라 하셨다"라고 예언한 것입니다.

⑤ 이제 미가야 차례가 되었습니다. 그때 미가야는 왕에게 "올라가 승리를 얻으소서 여호와께서 그 성을 왕의 손에 붙이시리이다"라고 했습니다. 즉, 400인의 선지자의 예언과 같은 예언이었습니다.

■ 16~23절에서

① 아합 왕은 경험에 비추어 볼 때 뭔가 잘못되어 감을 감지했습니다. 왜냐하면 생각지 않게 길한 예언을 했기 때문입니다. 그래서 아합은 미가야에게 다시 한 번 진실되게 예언하라고 다그쳤습니다.

② 그때 미가야는 전쟁이 일어나면 목자는 없어지고 양들은 평안하게 집으로 돌아간다고 했습니다. 여기서 목자는 왕을 가리키고 양들은 백성을 가리킵니다. 즉 왕은 죽고 만다는 것입니다.

③ 그때 아합 왕은 여호사밧 왕에게 말합니다. "저 사람이 내게 대하여 길한 것을 예언하지 아니하고 흉한 것을 예언한다고 하지 않았습니까?"

④ 이때 미가야는 그가 본 환상을 이야기했습니다. 하늘에서 회의가 열렸는데, 하나님께서 "누가 아합을 꾀어 저로 길르앗 라못에 올라가서 죽게 할꼬?"라고 물으니 한 영이 나서서 말하기를 "내가 거짓말하는 영이 되어서 모든 선지자의 입에 있겠나이다"라고 했습니다. 그래서 하나님께서 그 한 영에게 사명을 주셨습니다. 그래서 400인이 모두 길르앗 라못에 올

라가서 전쟁을 하면 승리를 거두리라는 거짓된 예언을 하게 되었다는 것입니다. 이 일은 바로 하나님께서 하신 일이라는 것입니다.

⑤ 여기서 우리는 하나님께서는 아합을 심판하시기 위해서 예언자들이 말하는 것까지도 관장하셨다는 사실을 알아야 합니다.

■ 24~28절에서

① 시드기야와 미가야의 반목을 알 수 있습니다. 시드기야가 먼저 미가야의 뺨을 쳤습니다. 이에 대해서 미가야는 "네가 골방에 들어가서 숨는 날 아합이 죽는 것을 보게 될 것이라" 고 했습니다. 골방으로 들어간다는 것은 패배한다는 것을 의미합니다(왕상 20:30).

② 아합은 미가야 선지자를 감옥에 가두었습니다. 그리고 고생의 떡과 물을 마시게 하였습니다. 이처럼 하나님의 진실된 종들은 때때로 세상으로부터 핍박을 받습니다.

그래서 예수님께서 마태복음 5장 11~12절에서 "나를 말미암아 너희를 욕하고 박해하고 거짓으로 너희를 거슬러 모든 악한 말을 할 때에는 너희에게 복이 있나니 기뻐하고 즐거워하라 하늘에서 너희의 상이 큼이라 너희 전에 있던 선지자들도 이같이 박해하였느니라" 고 하셨습니다.

③ 미가야는 감옥으로 끌려가면서 분명한 예언을 합니다. 만약 왕이 평안히 왕궁으로 돌아오면 자기 예언은 하나님이 주시지 않는 거짓 예언이라고 말입니다. 즉, 왕이 절대로 안전

하게 돌아오지 못할 것이라는 예언이었습니다.

둘째, 이스라엘과 아람의 전쟁(29~40절)

■ 29절에서 이스라엘 왕 아합과 유다 왕 여호사밧이 길르앗 라못으로 아람과 전쟁하려고 올라갔습니다. 여기서 하나님의 계획이 이루어지고 있음을 볼 수 있습니다.

■ 30절에서 아합은 자기 힘으로 하나님의 계획을 무산시키려고 했습니다.

① 여호사밧 왕에게 자기의 왕복을 입혔고, 자신은 병사의 군복을 입었습니다. 즉 변장을 했습니다.

② 아람 왕 벤하닷 2세는 특수장교 30인에게 너희는 전쟁에 나가서 다른 군인들과 싸우지 말고 오직 이스라엘 왕 아합만 찾아서 죽이라고 했습니다.

③ 그래서 왕복을 입은 여호사밧을 좇아갔더니 그때 여호사밧이 쫓기면서 나는 아합이 아니라고 소리쳤고 그 때 그 소리를 듣고 아람 군대의 특수 부대는 더 이상 여호사밧을 쫓지 않았습니다.

■ 34~36절에서

① 아람의 한 활쏘는 병사가 '우연한' 화살을 날렸습니다. 바로 그 화살에 아합이 맞았는데, 갑옷 중에서도 가장 취약한 이음새로 화살이 파고들었습니다. 그래서 아합은 그 화살을 맞고 죽게 되었습니다.

② 여기서 다시 한 번 인간이 아무리 발버둥쳐도 하나님의 뜻을 거스를 수 없다는 것을 알 수 있습니다. 하나님의 심판을 피할 수는 없습니다.

③ 병거 바닥에 피가 흥건히 고였다는 것은 아합의 상처가 얼마나 심했는가를 보여 줍니다.

④ 예레미야 2장 19절의 "네 악이 너를 징계하겠고 네 반역이 너를 책망할 것이라 그런즉 네 하나님 여호와를 버림과 네 속에 나를 경외함이 없는 것이 악이요 고통인 줄 알라 주 만군의 여호와의 말씀이니라"는 말씀이 그대로 이루어진 것입니다.

■ 37~40절은 예언자의 말이 그대로 성취되는 것을 보게 됩니다.

① 아합은 예언자 미가야의 예언대로 죽게 되었고,

② 예언자 엘리야가 예언한 대로 개들이 그 피를 핥았습니다.

③ 그리고 신명기 기자는 아합 왕의 통치 기간은 오직 악행만 일삼았다고 기록합니다(왕상 16:30).

④ 그의 시신은 '열조의 묘실에 들어갔다'는 것입니다.

⑤ 또 아들인 아하시야가 왕권을 계승하게 되었습니다.

■ 왕상 22장 1~40절에서 보여 주는 중요한 가르침은 무엇입니까?

① 악을 행한 아합 왕은 하나님의 심판을 받았습니다(신명기 신학의 특징은 죄에는 벌이요, 순종에는 상급이 주어집니다).

② 아합의 죽음은 이스라엘 백성의 죽음과 연결되지 않았습

니다. 즉 악을 행한 왕만 파멸의 길로 걸어가게 되었고, 백성들은 평안히 귀향하게 되었다는 의미입니다. 이처럼 하나님은 언약의 백성들을 보호하셨습니다.

③ 거짓 예언자들은 창피를 당하게 되고 참 예언자들(미가야와 엘리야)은 존귀하게 됨을 말씀하고 있습니다.

④ 하나님은 모든 일을 다 장악하고 계십니다. 거짓 예언도 장악하고 계시고, 인간의 변장도 하나님의 장악하시는 곳에서 벗어날 수 없습니다. 즉 하나님은 오늘도 인간의 생명을 살리는 목적을 이루기 위해서 역사하십니다. 그 역사를 어느 누구도 막을 수 없습니다(예 : 예수 그리스도의 십자가).

셋째, 유다 왕 여호사밧의 통치(41~50절)

■ 41~44절에서 북이스라엘의 왕인 아합과 동시대의 유다 왕인 여호사밧에 대해서 말하고 있습니다.

① 여호사밧은 아합이 왕위에 있은 지 4년째 되던 해에 아버지 아사 왕을 이어 남유다의 왕이 되었습니다.

② 그는 아버지 아사 왕보다 더욱더 철저하게 개혁운동을 했습니다.

③ 여호사밧은 북이스라엘이 바알 종교로 타락해 갈 때 그 타락의 영향이 유다에 미치는 것을 막았습니다.

④ 따라서 산당과 아세라 목상을 제거했습니다(대하 17:6). 그리고 아사 왕이 제거하지 못했던 '남색하는 자' 를 쫓아냈습니다.

⑤ 그리고 북이스라엘과의 관계를 개선했습니다.

■ 45~50절에서는

① 여호사밧이 전쟁을 많이 했음을 기록하고 있습니다. 그리고 역대하(17:1~20:37)에서는 열왕기상의 기록보다 더 자세히 언급하고 있습니다.

② 여호사밧이 아합 왕을 도와주려고 아람과의 전쟁을 하고 돌아왔을 때 하나니의 아들 선견자 예후가 여호사밧에게 "어찌하여 악한 백성을 도와주셨습니까?" 라고 질타를 했습니다.

③ 여호사밧의 무역선들이 에시온게벨에서 난파한 사건을 기록하고 있고, 그리고 그 일을 돕겠다고 나선 북이스라엘의 왕 아하시야의 도움을 거절한 것을 볼 수 있습니다.

④ 여호사밧도 죽게 되었을 때 그의 시신이 조상의 묘실에 안장되었고, 평화스럽게 왕위가 아들 여호람에게 넘어감을 말하고 있습니다.

■ 51~53절에서는 북이스라엘 왕 아하시야에 대해서 말하고 있습니다. 그런데 이 아하시야 왕에 대한 기록은 여호사밧과 대조할 수 있도록 기록한 것을 알 수 있습니다.

① 여호사밧은 25년을 통치했는데 아하시야는 2년을 통치했습니다.

② 여호사밧은 아버지 아사의 의로운 길을 걸었는데 아하시야는 아합, 이세벨, 그리고 느밧의 아들 여로보암을 따라 악한 길을 걸었다고 했습니다.

③ 여호사밧은 성전에서 활동하는 성창들을 척결하였습니다.

반면 아하시야는 바알을 섬기고 예배함으로 배교했고, 하나님의 진노를 격동시켰습니다. 따라서 아하시야는 모압을 잃었고, 아들도 없이 수치스럽게 창문 난간에서 떨어져 죽었습니다.

결론

아합 왕을 살펴보면서 깨달은 것은 하나님께서는 우상숭배하며, 하나님의 말씀에 불순종하며, 힘으로 자기 욕심을 채우는 악을 행하는 자를 심판하신다는 사실입니다. 이러한 악에 대한 하나님의 심판에 대해서 인간은 변장을 하든, 별 수단을 쓰든 피할 수가 없습니다. 그리고 하나님은 그분의 계획을 어떤 상황에서든지 이루십니다. 하나님은 하나님의 의로운 백성들을 지켜 주시고, 올바른 선지자를 들어 쓰신다는 것입니다.

그러니 성도 여러분, 우리는 절대로 악을 행해서는 안 됩니다. 시편 1편에 "복 있는 사람은 악인의 꾀를 따르지 아니하며 죄인의 길에 서지 아니하며 오만한 자의 자리에 앉지 아니하고 오직 여호와의 율법을 즐거워하여 그 율법을 주야로 묵상하도다"라고 한 것처럼 악을 멀리하시고 하나님의 말씀을 묵상하며 순종하시기를 바랍니다. 그래서 시냇가에 심겨진 나무처럼 사시사철 열매를 맺으시는 복된 인생을 사시기를 바랍니다.

열왕기상 강해 7

하나님의 약속과 경고

2012년 6월 1일 인쇄
2012년 6월 5일 발행

지은이 | 강용규
발행인 | 이형규
발행처 | 쿰란출판사

주소 | 서울특별시 종로구 이화동 184-3
TEL | 02-745-1007, 745-1301, 747-1212, 743-1300
영업부 | 02-747-1004, FAX / 02-745-8490
본사평생전화번호 | 0502-756-1004
홈페이지 | http://www.qumran.co.kr
E-mail | qumran@hitel.net
qumran@paran.com
한글인터넷주소 | 쿰란, 쿰란출판사

등록 | 제1-670호(1988.2.27)

책임교열 | 홍다나 · 오 완

값 9,000원

ISBN 978-89-6562-318-2 93230